Manual básico de señalización e intervención con helicópteros de rescate

ISBN: 9781729600047

Autor

Elfidio Heras Ramírez(Fuerteventura 1975), es actualmente Docente de Emergencias y Seguridad de varios de los certificados profesionales existentes referidos a dicha materia. Además de poseer la titulación de Grado Superior como Coordinador de Emergencias y Protección Civil, cursó estudios en la Universidad de Nebrija siendo también Director de Seguridad, Profesor de Seguridad privada, Técnico Redactor de Planes de Emergencia y Técnico en Emergencias Sanitarias.

Parte de su carrera profesional la ha desempeñado en servicios de emergencia y seguridad, así como en puestos de control

Introducción

Es indudable, que el helicóptero se ha convertido en una de las herramientas más usadas y versátiles de los últimos tiempos. Su empleo tanto en accidentes como en catástrofes, y el alto grado de implicación de los miembros de emergencias que actúan en tierra, obligan a interactuar de una manera correcta para facilitar así las operaciones de rescate y evacuación.

De todo ello, nace la imperiosa necesidad de aunar en un manual todo lo necesario para que esos miembros puedan asegurar el trabajo de las aeronaves implicadas, basándonos para lograrlo, en la normativa vigente aplicándola de una manera sencilla y práctica para que lo difícil sea fácil.

También, deseo mostrar mi agradecimiento a:

Gabriel Pérez Martín, Jefe de sección de la Unidad Operativa de Rescate Especializado de Protección Civil de Candelaria, Técnico de Emergencias Sanitarias, Técnico deportivo de Salvamento y Socorrismo, formador, rescatador de montaña y a Jose Francisco Rodríguez Gil, Jefe de Parque Móvil y Logística de Protección Civil Candelaria, miembro de su Unidad Operativa de Rescate Especializado y rescatador.

Porque como amantes de las emergencias, siempre están presentes cuando se les necesita.

Creación de Helisuperficies seguras

Una helisuperficie es una zona de terreno, de determinadas características, que se utiliza en operaciones y ejercicios, para el aterrizaje de los helicópteros. Por ello, es fundamental la identificación dichas helisuperficies o de zonas de aterrizaje para los helicópteros, y si bien no siempre están bien definidas, la mayoría de los pilotos que surcan determinados territorios en los que realicen su labor suelen tenerlas identificadas. Eso no implica que siempre estén a mano de los equipos de rescate para proceder a una evacuación y por ello debemos saber también cuales pueden ser las más idóneas para convertirse en una de ellas.

Aun así, hay una infinidad de riesgos que pueden poner en peligro la misión de rescate ya que, por ejemplo, es probable que determinados objetos, incluidos los que porten los rescatadores, salgan despedidos por el efecto de las aspas. Por ello, siempre debemos tomar medias para paliar dicho riesgo como pueden ser:

- No usar antorchas o bengalas que en sí produzcan fuego ya que podrían arrojar chispas o llamas creando un peligro adicional. Si nos encontráramos en una zona de bosque o de matorral seco, podría generarse un incendio poniendo en peligro el dispositivo. Además, debemos tener en cuenta que los helicópteros medicalizados transportan oxígeno y un escape podría ocasionar males mayores.

- No balizar con conos ni barreras plásticos, ya que, al no estar afianzadas, es probable que salgan despedidas.
- No usar elementos que pudieran ser absorbidos por el rotor del helicóptero o la turbina.
- Siempre que se usen linternas o reflectores, estas deben estar apuntando hacia el suelo.

Los helicópteros tienen la facultad de aterrizar y despegar en forma vertical; aún así, un gran número de pilotos prefieren describir un ángulo cuando se trata de acercarse a la helisuperficie y también elevarse a medida que avanzan.

No obstante, en ocasiones, un helicóptero no puede hacer aproximaciones y tomas por razones de potencia y puede ser necesario efectuar un despegue ganando velocidad antes de ganar altura.

Por ello, los equipos de emergencias que reciban en tierra al helicóptero deben tener una serie de factores como son la elevación y orografía, el viento, así como su fuerza y dirección, la visibilidad y los posibles obstáculos presentes. Es primordial que la helizona esté siempre a la menor altitud posible ya que a una mayor altitud, el helicóptero se ve más vulnerable por turbulencias, actividad térmica y la combinación de varias puede hacer imposible las maniobras de aterrizaje.

Las normas actuales indican que "para determinar si un área de terreno puede ser válido para utilización como helizona en caso de emergencia, se deberá de tener en cuenta los siguientes puntos":

- Localizar, a ser posible, de un área de terreno duro, compacto y despejado: estadio de fútbol, terreno acotado o similar.
- Que esté libre de obstáculos y de objetos de poco

peso que puedan ser fácilmente arrastrados como consecuencia del torbellino que producen, al girar, las hélices horizontales del helicóptero.

- Acondicionar el lugar apartando cualquier objeto suelto que pueda ser arrastrado por el rebufo del helicóptero o que dificulte el aterrizaje. Si hay nieve (especialmente en polvo) conviene pisarla y si se trata de una zona polvorienta y es posible, irá bien mojar el terreno.

- Es primordial que el terreno sea horizontal, sin inclinación lateral. No deberá haber ninguna loma que obstaculice el asentamiento de la cola del helicóptero evitándose relieves del terreno como laderas enfrentadas perpendicularmente al viento, con relieves muy marcados y expuestos a la insolación.

- Se precisa al menos una superficie de 20 m x 20 m, para helicópteros del tipo medio y de 25 m x 25 m, para helicópteros pesados.

- No deben de encontrarse obstáculos a menos de 30 m del lugar de aterrizaje y con una altura no superior a los 10 m (postes, árboles, tendidos de cables, etc.)

- Si se trata de helisuperficies para una formación de helicópteros, los puntos de toma de cada aeronave deben estar separados 50 m, aunque en el caso de helicópteros medios puede reducirse a 40 m o 30 m, esto último excepcionalmente.

- No es preciso la distribución simétrica de estos puntos, pero si el respetar las distancias entre ellos.

- Colocar un trapo o pañuelo muy bien atado a un palo bien visible que le servirá, al piloto, para indicarle la dirección del viento y en su caso, un miembro de los equipos de rescate que realice dicha función.

- Igualmente, la zona no tiene que ser obligatoriamente llana en toda su extensión, pero sí que cada aeronave disponga de la superficie suficiente para su aterrizaje, que es la precisa para apoyar los esquís o el tren de rodaje, rodeada de un terreno libre de obstáculos como antes se ha señalado.

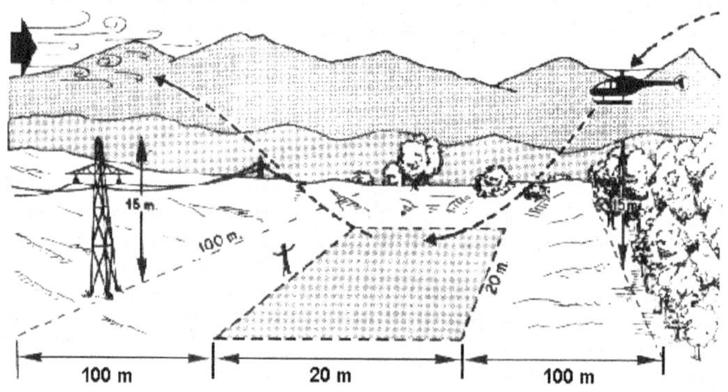

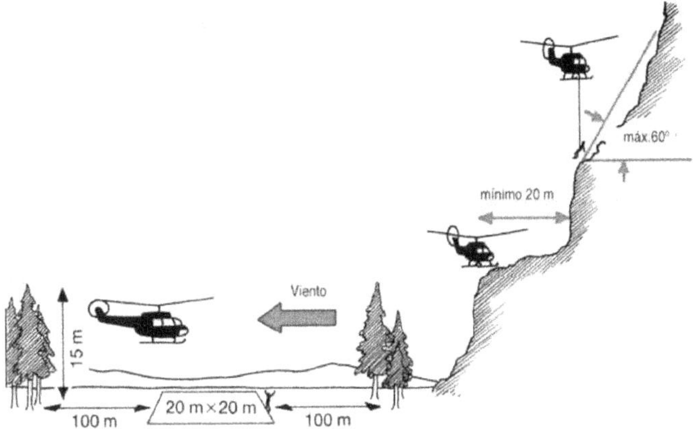

Es primordial, tras localizar una posible zona de aterrizaje que informemos de la misma facilitando datos tan importantes como:

- Su ubicación, siendo esta lo más detallada posible.
- Si es posible, la altura aproximada sobre el nivel del mar a la que se encuentra.
- Todos los puntos cercanos visibles de referencia, indicando, a ser posible, su dirección desde la helizona de acuerdo con la rosa de los vientos.
- Condiciones meteorológicas en el área. Visibilidad; Temperatura (es muy importante especificar la temperatura, ya que es necesario para efectuar cálculos de potencia); Viento (la turbulencia puede originarse orográficamente, por actividad térmica o una combinación de ambas. Afecta tanto a sotavento como a barlovento).
- Señalizaciones colocadas para indicación de esta
- Observaciones complementarías como pueden ser líneas eléctricas cercanas, telefónicas, etc.
- Se debe indicar la dirección del viento con la

espalda contra el viento. Asimismo, es conveniente colocar una manga, bandera o trapo vertical, para poder observar el viento racheado si lo hubiera.

Balizamiento de la helizona o helisuperficie

En las operaciones de día, en el caso de que fuera posible, el punto de la toma debería señalizarse con una H em blanco en el interior de un triángulo, correspondiendo el vértice superior del triángulo a la dirección marcada por el eje magnético

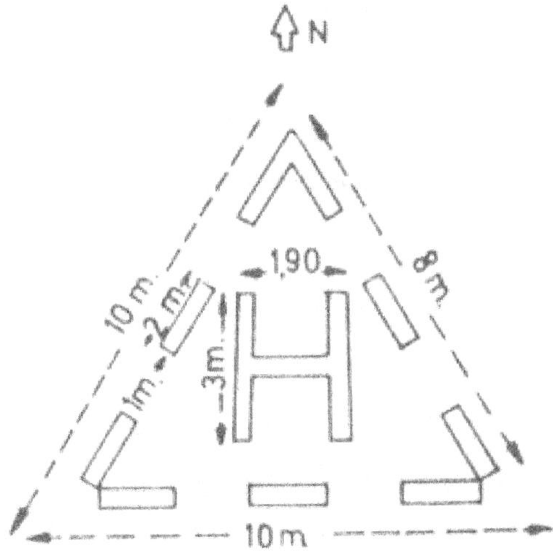

También, la realización de un circulo con un diámetro mínimo de 20 metros y una H en su interior, indicaría al piloto que esa es la zona asignada. En este caso, se dibujaría

una flecha apuntando hacia el círculo la cual indicaría la dirección en la que sopla el viento en la zona.

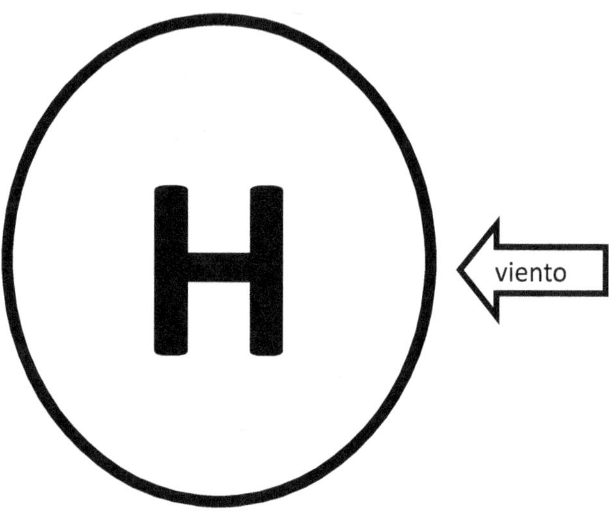

En las operaciones de noche, es recomendable emplear luces blancas o amarillas o, en su defecto, verdes, tratando de señalizar con luces rojas los obstáculos próximos (en su extremo superior si se trata de postes, antenas, etc.) También, en el caso de no disponer de las balizas apropiadas, pueden utilizarse medios de circunstancias como bidones de arena con gasolina, aunque como ya se indicó anteriormente, no es recomendable su uso por el peligro que entraña el fuego en las operaciones con helicópteros, intentando como opción, hacer uso de linternas manuales. El personal encargado del balizamiento sostendrá siempre las linternas apuntando hacia el suelo, para evitar deslumbrar a los pilotos.

También el uso de las luces cruzadas de los vehículos intervinientes es idóneo para iluminar la zona de aterrizaje, siendo la zona central del cruce de estas el punto de toma.

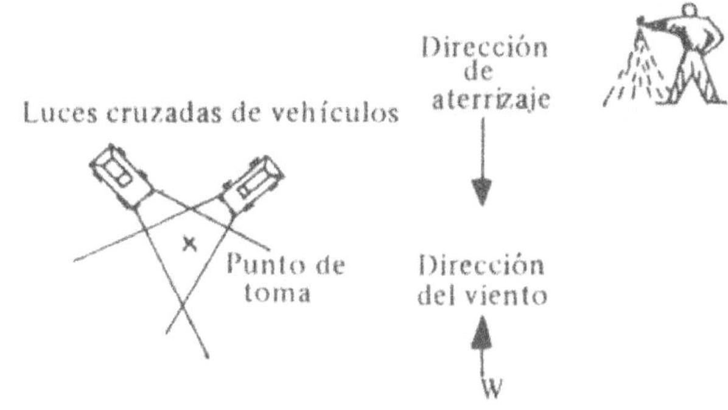

Manual de señalización e intervención con helicópteros de rescate

Riesgos de los equipos de rescate en las helizonas.

La mayor parte de los accidentes que se han producido durante las maniobras de rescate han sido en los embarques y desembarques de personas. Dichos percances se han producido por incidentes con las palas del rotor principal o las palas del rotor de cola y es que aun en el caso de girar lentamente, lo que ocurre en los momentos de arranque y parada del motor, tienen suficiente fuerza para segar la cabeza.

Es también de vital importancia saber que, aunque las palas del rotor principal se encuentran a una altura superior a los 2 m, pueden, en ocasiones, bajar su plano de giro hasta una altura inferior a la normal de la estatura del hombre.

Por todo lo anterior es de suma importancia:

- Cuando el helicóptero va a aterrizar es importante permanecer agachados. Podemos cubrir del viento el cuerpo y los ojos de la persona herida.

- No acercarse al helicóptero mientras ningún miembro de la tripulación no se lo indique.

- Para evitar este tipo de peligros, los individuos se deben acercar y salir del helicóptero por el rotor frontal (para evitar el rotor de cola) y agachados (para evitar el rotor principal) y por donde el piloto pueda verle.

- Siempre se debe subir al helicóptero de uno en uno y por la parte delantera del helicóptero y nunca hay que acercarse al helicóptero desde el lado ascendente de una ladera si se diera el caso.

- Quienes se queden en tierra permanecerán agachados en la misma situación que durante el aterrizaje.

- Respecto al material que portemos, siempre debe llevarse en posición horizontal para evitar que el mismo golpee las hélices.

- Durante el despegue, la gente que queda en terreno debe agacharse y cubrirse del viento. Al igual que en el aterrizaje.

Zonas de acceso y de riesgo en un helicóptero

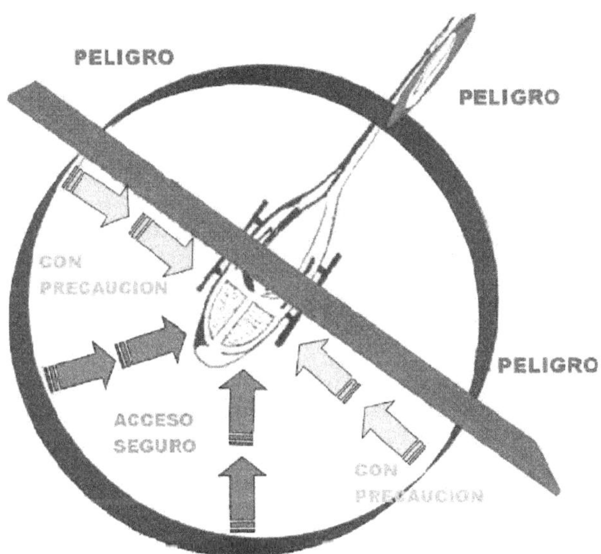

Tipos de rescate desde el aire

Todas las operaciones de salvamento entrañan riesgos para la tripulación del helicóptero y estos deben de reducirse al mínimo. Por ello, la evaluación de la situación es primordial y también la necesidad de que el helicóptero pueda tomar tierra. En caso de que exista un riesgo en dicha toma o que la situación lo haga imposible, también se puede realizar la evacuación de diferentes maneras con diferente material de rescate.

Estas operaciones con helicópteros incluyen el aterrizaje o amaraje y el izamiento con malacate o chigre en tierra o mar. La utilización del malacate puede ser peligrosa para las personas a las que se está izando, para los medios de salvamento y para cualquiera que se encuentre en el lugar donde se efectúan las operaciones. Por lo tanto, la decisión final sobre si resulta prudente utilizar el cabrestante para la izada, a reserva de la conformidad del personal en el lugar del incidente, corresponderá al responsable de los medios de salvamento.

Para llevar a cabo la evacuación de personas en una

situación de emergencia, puede colocarse al extremo del cable de izada una eslinga, un cesto, una red, una parihuela o un asiento de salvamento.

Estos son algunos de esos elementos:

Cesta y red de salvamento:

Eslinga de Salvamento:

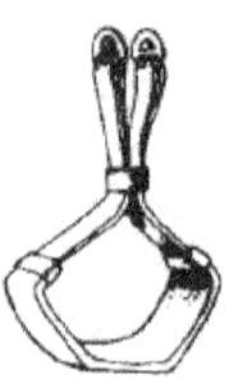

Parihuela de salvamento:

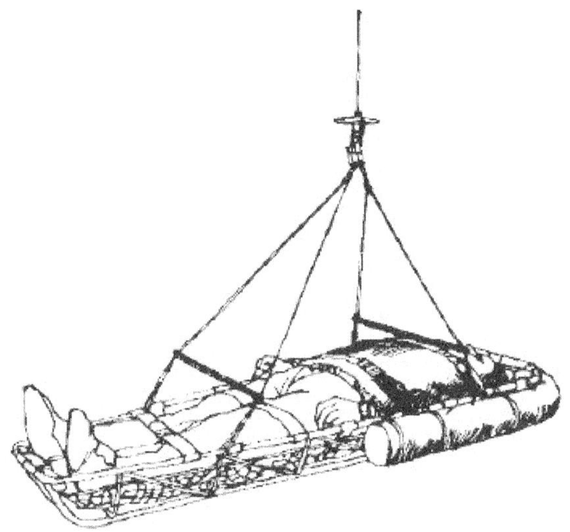

Asiento de salvamento:

Conceptos y funcionamiento básico de un helicóptero

Definiciones básicas.

Rotor. Sistema de perfiles aerodinámicos giratorios.

Sustentación. Fuerza aerodinámica que mantiene a la aeronave en vuelo, oponiéndose al peso de ésta.

Aerodino. Nombre genérico de todos los ingenios capaces de sustentarse en el aire por sí mismos.

Aeronave de alas giratorias. Aerodino cuya capacidad de vuelo se debe, en todo o en parte, a la sustentación de un rotor giratorio libre.

Helicóptero. Aeronave de alas giratorias cuya sustentación proviene, en todo o en parte sustancial, de uno o más rotores accionados por una planta motriz.

Autogiro. Aeronave de alas giratorias cuya capacidad de vuelo se debe, en todo o en gran parte, a la sustentación de un rotor giratorio libre.

A continuación, mostramos algunas características generales sobre los helicópteros y su clasificación.

Clasificación de los Helicópteros

De acuerdo con la configuración de sus rotores:

- Rotor simple: Es el tipo de helicóptero más desarrollado y que usa un rotor principal de sustentación y un rotor de cola antitorque.

- Rotores coaxiales: Es el tipo de helicóptero con dos sistemas de rotores superpuestos contrarotatorios. El sistema de rotor superior está conectado a un eje que pasa en el interior del eje del rotor inferior, son contrarotatorios para eliminar el efecto torque.

- Rotores duales: En este tipo los dos rotores están montados en las puntas de unas pequeñas alas que lo soportan, son también contrarotatorios para eliminar el torque.

- Rotores en tándem: Es un tipo de helicóptero que tiene un rotor delantero y uno trasero, contrarotatorios para eliminar el torque. Son construidos con "decalaje" (el rotor trasero más alto que el delantero) para evitar que el rotor trasero tome el "rebufo" (aire viciado en torbellino) del rotor delantero.

- Convertiplano: Es una mezcla de avión y helicóptero. Para despegar los rotores están vueltos hacia arriba y una vez en el aire, empiezan a inclinarse con alas y motores como un todo para convertirse en avión. En el aterrizaje el proceso es a la inversa.

- Notar: Sin rotor de cola por su sigla en inglés "No Tail Rotor". Esta configuración recientemente desarrollada por McDonell para sus modelos, elimina la necesidad de un rotor de cola externo, reemplazándolo por un compresor instalado en el interior del cono de cola y mandado por el motor y que mediante un sistema de ranuras convierte el tubo de este en un perfil aerodinámico vertical que produce sustentación lateral en el sentido antitorque.

Clasificación de los Rotores

La tecnología empleada en el diseño y construcción de los rotores ha sido el avance más significativo en el desarrollo de los helicópteros.

Los rotores de helicópteros se clasifican en tres grupos:

Rotores Completamente articulados. Se les llama también tipo Cierva, por haber sido desarrollados por el ingeniero español Juan de la Cierva en su diseño del autogiro. Este tipo de rotor cambia el paso y tiene articulaciones de flapeo individual en cada pala y, además, adelanto y retardo. Su nombre en inglés es, Fully Articulated.

Rotores Semi-Rígidos. Es un tipo de rotor de dos

palas, diametralmente opuestas, que tienen cambio de paso, pero su flapeo es en conjunto, es decir, cuando una pala baja, la otra sube y viceversa. Son conocidos también como tipo balancín y sus nombres en inglés son, Semi rigid, Teettering y See-Saw.

Rotores Rígidos. Es un tipo de rotor que solo tiene cambio de paso, pero sus palas son de gran flexibilidad. Su nombre en inglés es, Rigid rotor. Este tipo de rotor es muy utilizado hoy en día y tiene varias configuraciones, tales como: Hingeless o sin articulaciones, FEL o faserglas elastomerik lager y Bearingless o sin rodamientos.

Funcionamiento aerodinámico del helicóptero

La planta motriz de estas aeronaves, que pueda estar compuesta por uno o varios motores, proporciona la potencia necesaria para hacer girar el rotor. Esta transmisión de potencia, de la planta motriz a las palas, se realiza a través de una caja de transmisión.

El rotor del helicóptero está compuesto por dos o más palas, las cuales tienen un perfil aerodinámico similar al de las alas de los aviones. Se sabe que la sustentación en los aviones está directamente relacionada con el ángulo que forma el perfil del ala con la dirección del viento, esto mismo ocurre con las palas de los helicópteros, con la salvedad de que éstos, las palas en vez de ser perfiles aerodinámicos fijos están dotadas de un movimiento circular.

Otra diferencia entre las alas del avión y las palas de los helicópteros es la siguiente: mientras que en los aviones las alas tienen una unión fija al fuselaje, en los helicópteros las palas varían este ángulo de incidencia con el aire, oscilando estos valores entre 3 y 14 grados. De tal forma que cuando las palas alcanzan la velocidad de rotación idónea, mediante un mando que se encuentra en el interior del helicóptero y que se denomina "paso colectivo" se modificará el paso de las palas, y así a mayor paso mayor sustentación; llegará u momento en que esta fuerza de sustentación será igual al peso, es entonces cuando el helicóptero despegará.

Descritos ya los elementos de potencia, rotor y mando colectivo, sólo nos queda por analizar otro elemento fundamental, el mando cíclico. Mediante el movimiento del mando cíclico, palanca que se encuentra en el interior de la aeronave, el disco del rotor principal (que se encuentra girando a unas revoluciones fijas) se inclina en la dirección hacia la que se dirija el mando citado, produciéndose en ese momento un desplazamiento del helicóptero en esa dirección.

¿Qué es y qué función cumple el rotor de cola?

Podríamos empezar diciendo a este respecto que el "talón de Aquiles" del helicóptero es el rotor de cola. La pérdida o fallo en los mandos del rotor de cola, estando el helicóptero en vuelo de traslación y con una velocidad determinada, es una emergencia grave, pero no suele tener un fin trágico, siempre que el piloto siga los procedimientos establecidos para estas situaciones. Por el contrario, si esta pérdida del rotor de cola se produce en vuelo estacionario, las posibilidades de recuperación del aparato se ven disminuidas notablemente.

Para comprender el porqué del fundamento aerodinámico del rotor de cola, hemos de tener presente un principio fundamental, como es una de las Leyes de Newton: "el principio de acción-reacción: a toda fuerza se le opone otra de igual módulo, pero de sentido opuesto". Trasladado esto al helicóptero se traduce en que el par rotor que suministran los motores, necesario para mover las palas, provoca una reacción opuesta llamada "par de torsión", que haría girar al helicóptero si no fuera por la existencia del rotor de cola, que contrarresta este efecto produciendo una fuerza lateral; dicha fuerza producirá un movimiento que evitará el giro del helicóptero.

Posibilidades aeronáuticas del helicóptero

Despegue y aterrizaje vertical. Les permite el acceso a áreas confinadas o de difícil acceso para otros medios terrestres y, por supuesto, aéreos.

Vuelo estacionario. Le permite sustentarse en el aire sin movimiento traslacional alguno.

Vuelo hacia atrás, hacia delante y hacia los lados. Debido a sus peculiares sistemas de vuelo, sufre menos que el resto de las aeronaves las limitaciones derivadas de las condiciones meteorológicas.

Posibilidad de autor rotar. Maniobra típica en caso de parada total de motores que permite al helicóptero el efectuar tomas seguras en espacios de terreno muy reducidos.

Maniobras de vuelo de un helicóptero

Siempre debemos tener presente que el helicóptero es inherentemente inestable. Esto lleva a tomar en consideración la precaución genérica de que puede haber, en cualquier maniobra, movimientos bruscos o no esperados por los ayudantes que presten apoyo en tierra.

Las maniobras más usuales por parte de estos aparatos son:

Despegue vertical a estacionario. Maniobra en la que el helicóptero se eleva verticalmente desde el suelo hasta la altura de estacionario normal con el menor desplazamiento lateral y/o hacia adelante o hacia atrás.

Estacionario. Maniobra que mantiene al helicóptero en el vuelo casi inmóvil sobre un punto del suelo, a una altura constante, que previamente hemos seleccionado, y con una posición con rumbo constante.

Debemos tomar precauciones con una posición de estacionario cerca del suelo ya que puede originar contactos ocasionales con el mismo. Hay que recordar que un helicóptero no está sujeto a un punto fijo; se apoya en el aire que, si varía, puede variar la estabilidad de la posición de su estacionario.

Giros en estacionario. Maniobra que se hace en vuelo estacionario, conservando la situación sobre un punto del suelo en altura y posición, consistente en girar (guiñada) a derecha o a izquierda.

Como precauciones debemos tener en cuenta que al aproximarse a viento en cola puede producirse un aumento de la velocidad del viraje, tanto mayor cuanto más fuerte sea el viento. Si el viento es fuerte, puede ser que no se lleve a cabo esta maniobra hasta donde se desearía. Es posible que se produzcan variaciones en la situación del helicóptero con relación al suelo, tanto en posición como en altura.

Vuelo hacia adelante en estacionario. Maniobra que desplaza al helicóptero a una zona concreta, manteniendo siempre constantes la velocidad, la altura y el rumbo con respecto al suelo. Pueden producirse desplazamientos erróneos con relación al suelo, así como cambios en la altura.

Vuelo lateral en estacionario. Maniobra que desplaza lateralmente al helicóptero a una zona concreta, cuando no se puede poner rumbo al punto de desplazamiento, manteniendo siempre constantes la velocidad, la altura y el rumbo con respecto al suelo. Pueden producirse desplazamientos erróneos con relación al suelo, así como cambios en la altura y cambios de rumbo. Es imprescindible hacer un reconocimiento de la senda antes de proceder al desplazamiento, lo que puede hacerse con giros.

Vuelo hacia atrás en estacionario. Maniobra que desplaza hacia atrás al helicóptero a una zona concreta, cuando no se puede poner rumbo al punto de desplazamiento o desplazamiento lateral, manteniendo siempre constantes la velocidad, la altura y el rumbo con respecto al suelo. Pueden producirse desplazamientos erróneos con relación al suelo, así como cambios en la altura y cambios de rumbo. Es imprescindible hacer un reconocimiento de la senda antes de proceder al desplazamiento, lo que puede hacerse con giros.

Rodaje sobre el suelo. Maniobra que consiste en el desplazamiento controlado del helicóptero, mientras se mantiene en contacto con el suelo. Pueden producirse desplazamientos erróneos con relación al suelo.

Despegue normal desde estacionario. Maniobra que consiste en una transición ordenada desde la posición de estacionario a vuelo hacia adelante. Su objetivo es ganar altura con mayor seguridad y eficacia. Puede haber una subida o movimientos bruscos. Posible desvío de la trayectoria previamente considerada. Si hay viento cruzado, podría darse un desplazamiento lateral al comenzar la maniobra.

Despegue normal desde el suelo. Maniobra que, utilizando ahorro de potencia, permite llevar al helicóptero desde el suelo a una sustentación traslacional efectiva y a un régimen de subida normal. Puede haber una subida o movimientos bruscos. Posible desvío de la trayectoria previamente considerada. Si hay viento cruzado, podría darse un desplazamiento lateral al comenzar la maniobra.

Vuelo recto y nivelado. Vuelo en el que se mantienen la altura y el rumbo de navegación.

Virajes. Maniobra que se usa para cambiar el rumbo de un helicóptero.

Subida normal: Maniobra en la que se asciende desde estacionario.

Descenso normal. Maniobra en la que el helicóptero pierde altura a un régimen y actitud controlados.

Aproximaciones. Maniobra de transición en la que el helicóptero pasa de una altura de circuito de tráfico hasta un estacionario a la altura de estacionario adecuada y con velocidad cero sobre el suelo. Pueden considerarse tres tipos de aproximaciones: normal, profunda y tendida. La elección del tipo de aproximación dependerá del piloto, de la extensión del área de aterrizaje, de los obstáculos que puede haber en la senda de aproximación, el tipo de superficie del suelo, la temperatura del aire, la altitud de la superficie, la dirección y la velocidad del viento y el peso bruto del helicóptero.

Aproximación normal a estacionario. Maniobra de aproximación normal consistente en un planeo con un régimen de descenso de aproximadamente 10°. Es la más frecuente. Puede haber maniobras bruscas para corregir posiciones o actitudes al llegar cerca del estacionario, con riesgo de impactos con el suelo, golpes de aire al personal de tierra, retraso de las maniobras, corrección del punto de estacionario sobre tierra (por viento -intenso, racheado y/o cruzado - u otras características atmosféricas, condiciones del suelo, obstáculos no observados y/o no indicados, desajustes en las maniobras previas).

Aproximación normal hasta el suelo. Maniobra en la que pretende evitar permanecer en estacionario a causa del material que está sobre el suelo y puede ser removido y absorbido por las turbinas o porque las condiciones atmosféricas o la elevada carga no garantizan la seguridad del estacionario.

Aproximación profunda a estacionario. Maniobra que permite la aproximación a punto de toma cuando haya obstáculos demasiado altos situados en la senda de aproximación y que impidan la aproximación normal estudiada antes.

Aterrizaje desde estacionario. Maniobra en la que el helicóptero toma tierra verticalmente desde estacionario. Puede haber desplazamientos indeseables del helicóptero después del contacto con el suelo. Contacto con tierra demasiado brusco (toma dura). Maniobras bruscas para corregir regímenes no deseados.

Aproximación tendida y aterrizaje rodado. Maniobra en la que se pretende aprovechar la sustentación traslacional porque no se tengan garantías para hacer un estacionario en una aproximación normal o profunda. El ángulo de la senda de descenso será cercano a los 5°, pasando luego a rodaje para la toma. Se necesita una zona de aterrizaje de gran longitud. Puede haber un posible aterrizaje brusco (toma dura), sin control direccional o con derrapes, con exceso de velocidad, con actitud inadecuada.

Despegue rodado. Maniobra que se hace cuando las condiciones del helicóptero o la densidad de la atmósfera impiden hacer un estacionario sostenido a una altura normal.

Despegue de máximas características. Maniobra que permite un despegue con subida en un ángulo de ascenso muy elevado (ángulo que dependerá de las condiciones que se dan en el despegue -algunas de las cuales se citan más abajo-, y que será menor cuanto más críticas sean las condiciones), a fin de salvar obstáculos altos que estarían en la senda de subida caso de querer hacer uno de los despegues considerados anteriormente. Puede ser el despegue más frecuente en las superficies de fortuna, que desde tierra podemos sugerir a un piloto de un helicóptero, en una situación de apoyo terrestre a una de estas aeronaves que intervenga en una situación de emergencia. No es adecuada cualquier zona para un despegue de máximas características. Influyen en la maniobra, entre otros factores: velocidad de viento, temperatura del aire, altitud de densidad (estas dos últimas influyen en la densidad del aire sobre el que se apoya la sustentación), peso bruto (fuerza que hay que vencer y sobrepasar para subir), posición del centro de gravedad (para las operaciones de equilibrado y para la maniobrabilidad). Es el despegue más comprometido.

Autorrotaciones. Maniobra en la que el motor no suministra potencia a las palas del rotor principal. Cuando el helicóptero desciende, a consecuencia de tener que quitar ataque a la pala del rotor principal, el viento relativo ascendente produce un efecto de "molinete", provocando una sustentación suficiente para mantener las rpm del rotor. El rotor de cola (antipar) está unido al rotor principal, por lo que también gira, permitiéndonos conservar el rumbo con los pedales. El paso cíclico permitirá un descenso con una senda más tendida o vertical. La energía acumulada en el régimen de descenso permite que se pueda controlar el frenado en las proximidades del suelo

Limitaciones de un helicóptero

A la hora de hablar de las limitaciones del helicópteros, tenemos que distinguir entre las limitaciones técnicas de cada aparato y las limitaciones impuestas por condicionamientos ajenos:

Limitaciones técnicas:

Peso máximo. Se puede decir que existe un peso máximo para cada tipo de helicóptero, el cual vendrá delimitado por una serie de parámetros, como la altitud y la temperatura, a partir del cual el helicóptero no consigue despegar. Es pues éste un concepto para tener en cuenta para todo tipo de aeronave: existe una carga máxima para cada tipo de aeronave que por ningún concepto se puede sobrepasar.

Altitud máxima. O también llamado "techo de servicio", es aquella altitud a partir de la cual el helicóptero no puede ascender más.

Velocidad máxima. Existe una velocidad que nunca

se debe exceder, y que también vendrá determinada para cada tipo de aeronave. A esta velocidad se le conoce con las siglas VNE; suele oscilar, en general, entre los 250 Km/h y los 300 Km/h. Hay que tener en cuenta que la velocidad de crucero será sobre un 30% menor que la VNE.

Limitaciones externas.

Área de toma. Un helicóptero puede entrar en áreas muy confinadas, aterrizando o despegando verticalmente, o mantener un vuelo estacionario, pero todo esto a costa de reducir los niveles de seguridad o en algunas situaciones extremas incluso a prescindir de ellas.

En estos casos se suele decir que el helicóptero se encuentra dentro de la llamada "curva de la muerte". Este concepto que conviene conocer a fin de no condicionar al piloto de modo gratuito, al realizar maniobras que entren de lleno en el perfil de esta curva. Las zonas críticas de esta curva nos vendrán delimitadas por la suma de los siguientes parámetros: "baja velocidad + baja altura sobre el terreno", dependiendo estos parámetros de la marca y modelo del aparato que esté operando. De este modo, si un helicóptero tuviese una parada de motor dentro de la gráfica mencionada, las posibilidades de solventar dicha parada y salir con éxito serían prácticamente nulas.

Climatológicas. Todo helicóptero viene limitado por una velocidad del viento exterior máxima, a partir de la cual le está prohibido despegar; suele rondar los 70 km/h. Una vez en el aire puede ocurrir que dependiendo de la intensidad y de las características de los vientos reinantes (laminar o turbulento) se haga imposible el vuelo en esas condiciones y / o la toma, llegada esta situación será preciso el encontrar un punto de toma seguro.

Todo helicóptero tiene fijadas una temperatura del aire exterior máxima y otra mínima, fuera de las cuales el aparato no podrá operar. Normalmente estos márgenes son muy amplios.

En caso de tener que volar en lo que aeronáuticamente se conoce como IMC (condiciones meteorológicas para vuelo instrumental) o más comúnmente conocido "vuelo entre nubes o con escasa visibilidad, será necesario contar primero: con un helicóptero preparado para la realización de vuelos IFR (reglas de vuelo instrumental), y segundo: con un piloto con la calificación de IFR.

Señales para maniobrar en tierra.

En el siguiente apartado vamos a ver las diferentes señales según marca el Reglamento de Circulación Aérea aprobado por el Real Decreto 57/2002, de 18 de enero.

Señales del señalero a la aeronave.

Estas señales se han ideado para que las haga el personal de tierra, en nuestro caso, los componentes del equipo de emergencias, con sus manos iluminadas si es necesario, para facilitar la observación por parte del piloto. Dicho miembro se ubicará en el lugar donde mejor pueda ser visto por el piloto, aunque siempre es idóneo, si no se ha marcado la dirección del viento, posicionarse de tal manera que la misma quede a nuestra espalda. Esta maniobra le servirá de dato a los pilotos.

Antes de usar las señales, debemos asegurarnos de que el área a la cual a de guiarse el helicóptero está libre de objetos.

A este espacio libre. Brazos por encima de la cabeza en posición vertical, con las palmas hacia dentro. Con esta señal informamos al helicóptero del lugar donde se encuentra la helisuperficie

Vuelo estacionario. Brazos extendidos horizontalmente, palmas hacia abajo.

Avance de frente. Los brazos algo separados y con las palmas hacia atrás, se mueven repetidamente hacia arriba y hacia atrás desde la altura de los hombros.

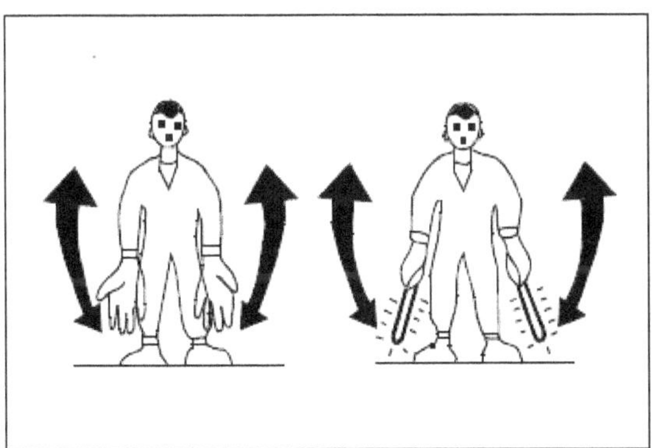

Retroceda. Brazos a los lados, con las palmas hacia adelante, se mueven hacia adelante y hacia arriba repetidamente, hasta la altura de los hombros.

Ascienda. Brazos extendidos horizontalmente hacia los lados, moviéndose hacia arriba, palmas hacia arriba. La rapidez del movimiento indica la velocidad ascensional.

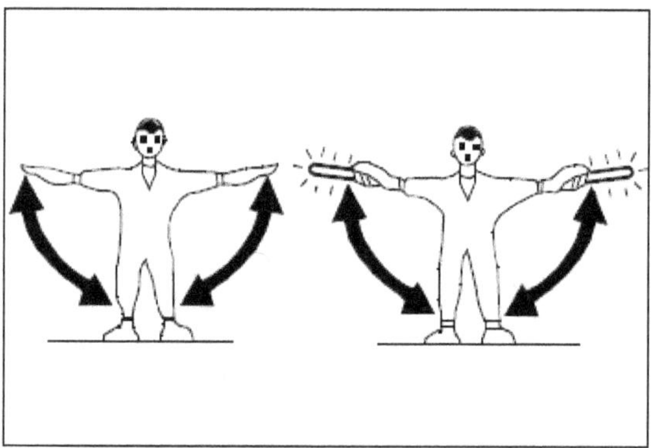

Descienda. Brazos extendidos horizontalmente hacia los lados, moviéndose hacia abajo, palmas hacia abajo. La rapidez del movimiento indica la velocidad vertical del descenso.

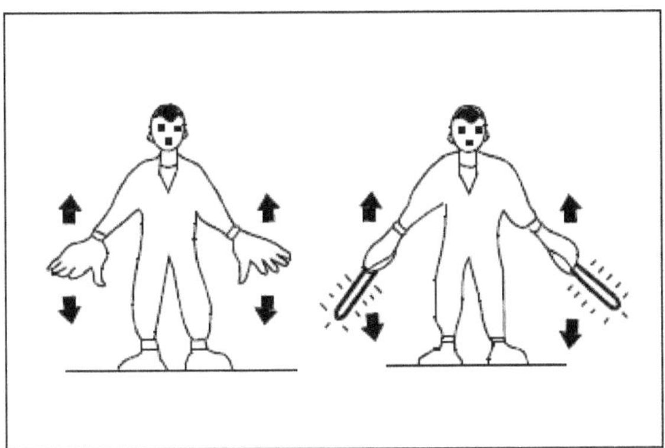

Reducir velocidad. Brazos hacia abajo con palmas hacia el suelo, se mueven hacia arriba y hacia abajo varias veces

Alto. Se cruzan repetidamente los brazos por encima de la cabeza. La rapidez del movimiento guardará relación con la urgencia del caso, es decir, cuanto más rápido sea, más brusca habrá de ser la parada.

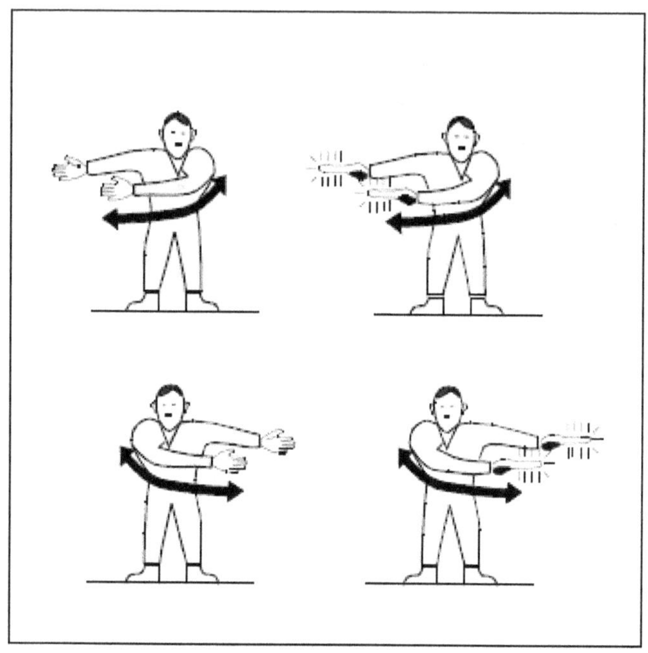

Desplácese en sentido horizontal. El brazo que corresponda extendido horizontalmente, en la dirección del movimiento, y el otro brazo se mueve repetidamente delante del cuerpo, en la misma dirección.

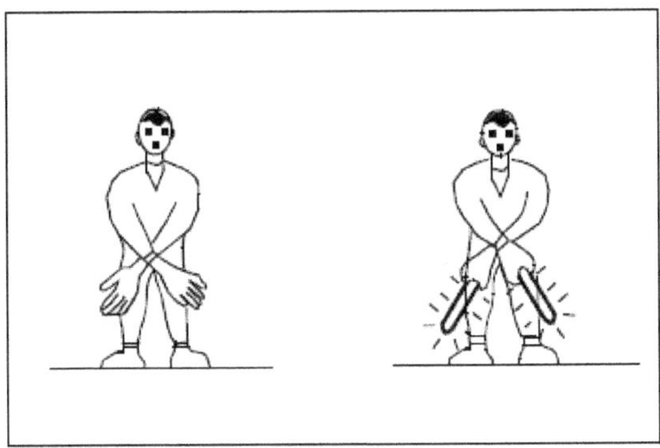

Aterrice. Brazos cruzados y extendidos hacia abajo delante del cuerpo.

Todo listo. Brazo derecho levantado a la altura del codo con el pulgar dirigido hacia arriba.

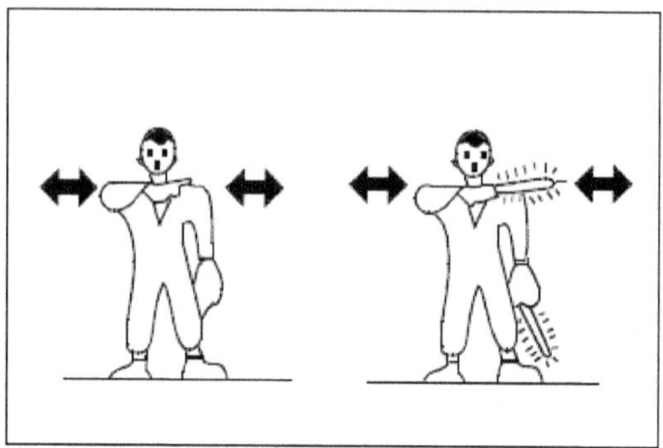

Parar motores. Brazo y mano horizontales, mano frente al cuello, palma hacia abajo. La mano se mueve hacia los lados mientras el brazo permanece doblado.

Poner motores en marcha. La mano izquierda en alto con el número apropiado de dedos extendidos, para indicar el número del motor que ha de ponerse en marcha, y con movimiento circular de la mano derecha al nivel de la cabeza.

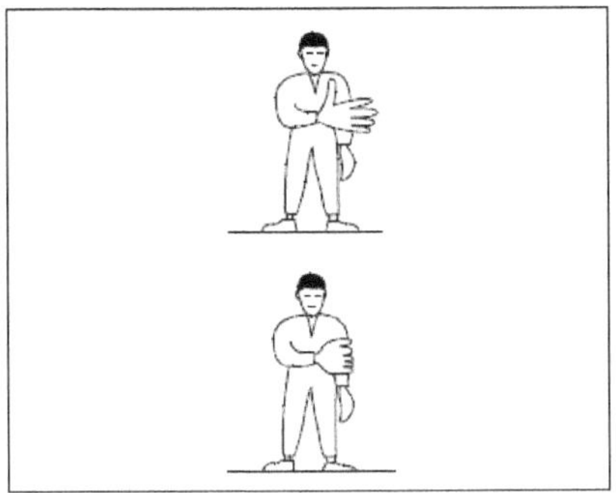

Frenos.

a) Accionar frenos: Levantar brazo y mano, con los dedos extendidos, horizontalmente delante del cuerpo, luego cerrar la mano.

b) Soltar frenos: Levantar el brazo, con el puño, horizontalmente delante del cuerpo, luego extender los dedos.

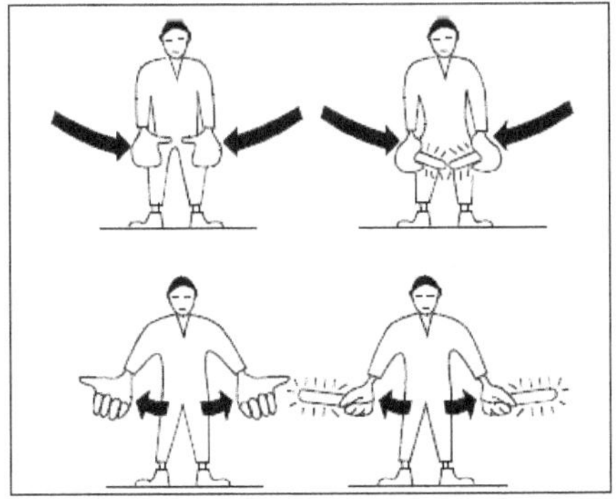

Calzos.

a) Calzos puestos: Brazos hacia abajo, palmas hacia dentro,

moviendo los brazos hacia dentro desde la posición extendida.

b) Calzos fuera: Brazos hacia abajo, palmas hacia fuera, moviendo los brazos hacia fuera.

Señales del piloto de una aeronave al señalero.

Estas señales están previstas para que las haga un piloto en su puesto, con las manos bien visibles para el señalero, e iluminadas, según sea necesario, para facilitar la observación por el señalero. Los motores de la aeronave se numeran en relación con el señalero que está mirando a la aeronave, desde su derecha a su izquierda (es decir, el motor Núm. 1 es el motor externo de babor).

 Frenos. El momento en que se cierra la mano o que se extienden los dedos indica, respectivamente, el momento de accionar o soltar el freno.

Frenos accionados: levantar brazo y mano, con los dedos extendidos, horizontalmente desde el rostro, luego cerrar la mano.

Frenos sueltos: Levantar el brazo, con el puño, horizontalmente delante del rostro, luego extender los dedos.

Calzos.

Poner calzos: Brazos extendidos, palmas hacia fuera, moviendo las manos hacia adentro cruzándose por delante del rostro.

Fuera calzos: Manos cruzadas delante del rostro, palmas hacia fuera, moviendo los brazos hacia fuera.

Preparado para poner en marcha los motores. Levantar el número apropiado de dedos en una mano indicando el número del motor que ha de arrancar.

Código de señales visuales

Código de señales visuales de tierra a aire utilizables por supervivientes o equipos de emergencia

NUM	MENSAJE	SIMBOLO DEL CODIGO
1	Necesitamos ayuda	V
2	Necesitamos ayuda médica	X
3	No o negativo	N
4	Si o afirmativo	Y
5	Estamos avanzando en esta dirección	↑

Código de señales visuales de tierra a aire utilizables por los equipos de emergencia

NUM	MENSAJE	SIMBOLO DEL CODIGO
1	Operación terminada	LLL
2	Hemos hallado a todos los ocupantes	LL
3	Hemos hallado sólo a algunos ocupantes	++
4	No podemos continuar. Regresamos a la base	XX
5	Nos hemos dividido en dos grupos. Cada uno se dirige en el sentido indicado	⇄
6	Se ha recibido información de que la aeronave está en esta dirección	→ →
7	No hemos hallado nada. Continuaremos la busqueda	NN

Importante saber que:

- Los símbolos tendrán 2,5 metros de longitud por lo menos y se procurará que sean lo más llamativos posible.

- Pueden hacerse con cualquier material, como, por ejemplo: tiras de tela, pedazos de paracaídas, pedazos de madera, piedras o cualquier otro material similar; marcando los símbolos sobre el terreno con los pies o mediante manchas de aceite, etc.

- Puede llamarse la atención hacia las señales antedichas por cualquier otro medio como la radio, luces de bengala, humo, luz reflejada, etc.

Señales de aire a tierra

Las señales siguientes hechas por una aeronave significan que se han comprendido las señales de tierra:

A. durante las horas de luz diurna: alabeando las alas de la aeronave.

B. durante las horas de oscuridad: emitiendo destellos dos veces con los faros de aterrizaje de la aeronave o, si no se dispone de ellos, encendiendo y apagando dos veces las luces de navegación.

La ausencia de la señal antedicha indica que no se ha comprendido la señal de tierra.

Mensaje recibido y comprendido (alabeando)

Afirmativo (cabeceando el morro)

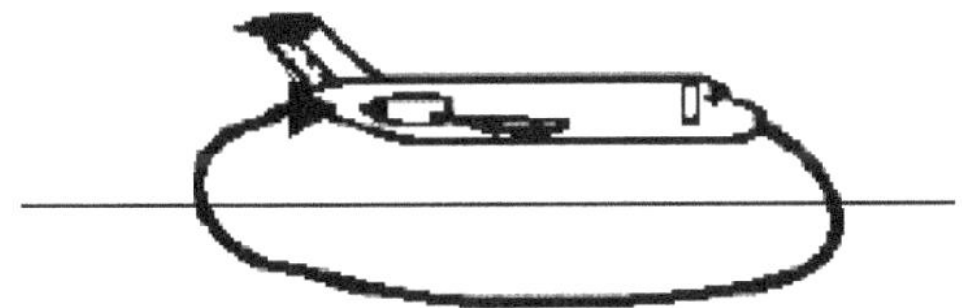

Mensaje recibido y no comprendido (describiendo un círculo)

Negativo (guiñando a izquierda y derecha)

Señales internacionales de socorro en montaña

Estas señales se utilizan habitualmente para solicitar ayuda y facilitar información a los tripulantes de los helicópteros de rescate.

Señal: La persona se mantiene en pie, con los brazos levantados y permanece inmóvil durante toda la llamada.

Significado: Sí, necesitamos ayuda.

Señal: Con el fin de evitar intervenciones inútiles de los equipos de socorro se admite el empleo de la señal de seguridad, consistente en que la persona se mantenga inmóvil en pie con un brazo levantado.

Significado: No, no necesitamos ayuda.

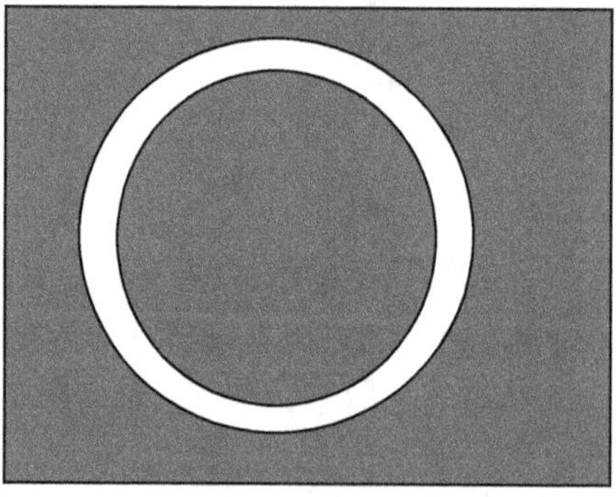

Señal: Cuadrado de tela roja de un metro de lado, con corona circular blanca de 90 cm de diámetro exterior y 60 cm de diámetro interior.

Significado: Necesitamos ayuda.

También, es usual el uso de cohetes o bengalas de color rojo cuyo significado es que se necesita ayuda.

Señales corporales para transmitir mensajes desde tierra

Señales mar-aire/tierra-aire

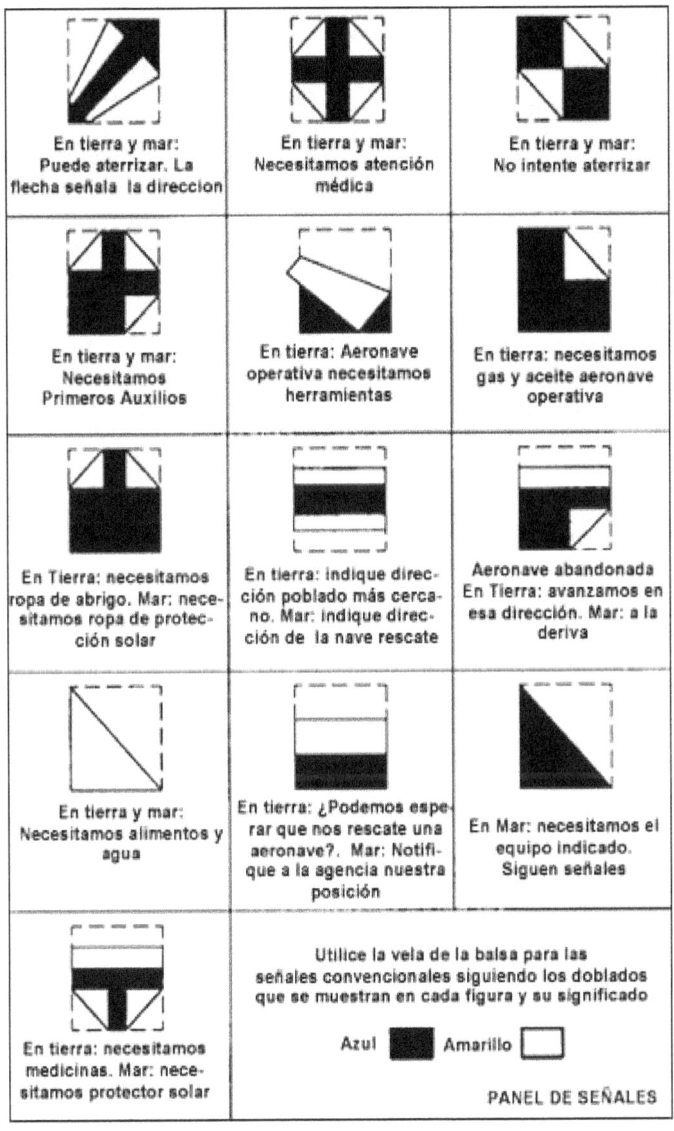

Palabras de uso frecuente en operaciones SAR

AFFIRMATIVE
significa "sí", es decir, que lo que ha transmitido una
persona es correcto.

BREAK
se utiliza para separar las diversas partes de un mensaje o
un mensaje de otro.

FIGURES
se menciona antes de que se indiquen números en un
mensaje.

I SPELL
se utiliza antes de efectuar un deletreo fonético, como,
por ejemplo, un nombre propio.

NEGATIVE
significa "no".

OUT
indica el fin de una transmisión cuando no se espera
ninguna respuesta.

OVER
indica el fin de una transmisión cuando se espera una
respuesta inmediata.

ROGER
significa que se ha recibido satisfactoriamente la
transmisión.

SILENCE
se repite tres veces y significa que todas las
transmisiones deben cesar inmediatamente.

SILENCE FINI
(pronunciado SI LANS FI NÍ)
significa que se cancela la solicitud de silencio y se utiliza
para indicar el final de una emergencia y la reanudación del
tráfico normal.

THIS IS
se utiliza antes del nombre o distintivo de llamada de la
estación que sigue inmediatamente.

WAIT
significa "espere", es decir, que se debe efectuar una
interrupción durante algunos segundos y esperar a que se
reanude la transmisión.

Otros tipos de comunicación

Código Morse

Aunque parezca un sistema de comunicación obsoleto en los tiempos que vivimos, no lo es. Hoy en día, un gran número de fuerzas y cuerpos de seguridad y ejércitos siguen usando el morse. Con el uso de una linterna podríamos comunicarnos sin problemas con una aeronave mandando mensajes simples.

A continuación, vamos a plasmar algunos de esos mensajes que pueden sernos de utilidad en caso de necesitarlos

El funcionamiento del código Morse es simple y al usarlo debemos tener en cuenta que:

• La duración del punto es la mínima posible.

• Una raya tiene una duración de aproximadamente tres veces la del punto.

• Entre cada par de símbolos de una misma letra existe una ausencia de señal con duración aproximada a la de un punto.

• Entre las letras de una misma palabra, la ausencia es de aproximadamente tres puntos.

• Para la separación de palabras transmitidas el tiempo es de aproximadamente tres veces el de la raya.

Código Morse:

A	·—	J	·———	S	···	2	··———
B	—···	K	—·—	T	—	3	···——
C	—·—·	L	·—··	U	··—	4	····—
D	—··	M	——	V	···—	5	·····
E	·	N	—·	W	·——	6	—····
F	··—·	O	———	X	—··—	7	——···
G	——·	P	·——·	Y	—·——	8	———··
H	····	Q	——·—	Z	——··	9	————·
I	··	R	·—·	1	·————	0	—————

SOS. Señal internacional de emergencia

··· ——— ··· ·—·—·

Estoy herido

· ··· — ——— —·—— / ···· · ·—· ·· —·· ——— ·—·—·

Tenemos heridos

— · —·· · —— ——— ··· / ···· · ·—· ·· —·· ——— ··· ·—·—·

Sin heridos

··· ·· —·· / ···· · ·—· ·· —·· ——— ··· ·—·—·

Aterrice

·— —— · ·—· ·—· ·· —·—· · ·—·—·

No aterrice

—· ——— / ·— —— · ·—· ·—· ·· —·—· · ·—·—·

Evacuación urgente

· ···— ·— —·—· ··— ·— —·—· ·· ——— —· / ··— ·—· —— · —· — · ·—·—·

Esto son solo unos ejemplos que se pueden tener a mano para una rápida comunicación con un helicóptero. La destreza en el uso del código morse mediante luces puede solventar en alguna ocasión una difícil situación.

Para su aprendizaje, suelen usarse técnicas nemotécnicas como la que presentamos a continuación en la relacionamos una letra con una palabra que a su vez se relación con los puntos y rajas del código Morse.

a	asno	. −
b	Bonaparte	− . . .
c	Coca-Cola	− . − .
d	docena	− . .
e	el	.
f	faraona	. . − .
g	góndola	− − .
h	Himalaya	. . . .
i	isla	. .
j	jabonoso	. − − −
k	cólico	− . −
l	limonada	. − . .
m	motor	− −
n	nota	− .
ñ	ñoño-patoso	− − . − −
o	otoño	− − −
p	pisotones	. − − .
q	cocorino	− − . −
r	ramona	. − .
s	sardina	. . .
t	tos	−
u	único	. . −
v	ventilador	. . . −
w	Washington	. − −
x	Xochimilco	− . . −
y	yo-te-soplo	− . − −
z	zozobrada	− − . .

CÓDIGO ICAO

En caso de que la comunicación con tu interlocutor sea problemática por ruido, interferencias, idioma o por malas condiciones de propagación, se puede usar el alfabeto fonético ICAO ((International Civil Aviation Organization) de deletreo, que es universal y válido para todo el mundo y en todo tipo de comunicaciones por radio

A: Alfa	N: November	Z: Zulu
B: Bravo	Ñ: Ñandu	1: Primero
C: Charli	O: Oscar	2: Segundo
D: Delta	P: Papa	3: Tercero
E: Eco	Q: Quebeq	4: Cuarto
F: Foxtrot	R: Romeo	5: Quinto
G: Golf	S: Sierra	6: Sexto
H: Hotel	T: Tango	7: Séptimo
I: India	U: Uniform	8: Octavo
J: Juliet	V: Victor	9: Noveno
K: Kilo	W: Wisky	0: Negativo
L: Lima	X: X-Ray	
M: Mike	Y: Yankie	

HELICÓPTEROS DE MAYOR USO EN ESPAÑA

SA-318- Alouette-II

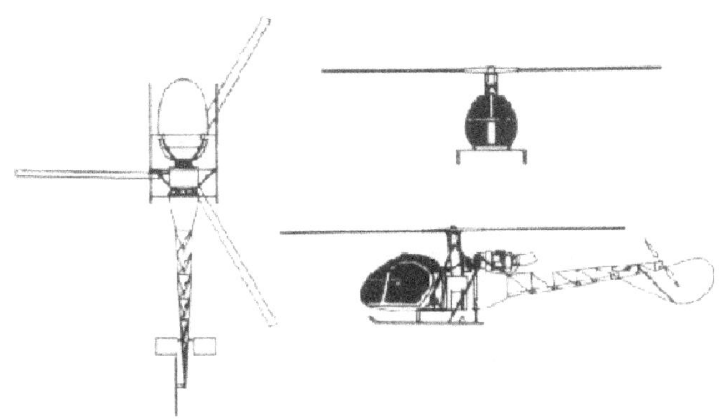

Principales características técnicas:
- Longitud total: 9.75 m
- Anchura máxima: 2.08 m
- Peso en vacío: 1.000 Kg
- Peso máximo al despegue: 1600 Kg
- Capacidad de pasajeros: 1 piloto y 4 pasajeros
- Capacidad de carga: 600 Kg
- Velocidad máxima: 205 Km/h;
- Velocidad de crucero: 180 Km/h
- Techo: 4.500 m
- Alcance: 700 Km
- Autonomía: 3 h 50 min.

SA-319- Alouette-III

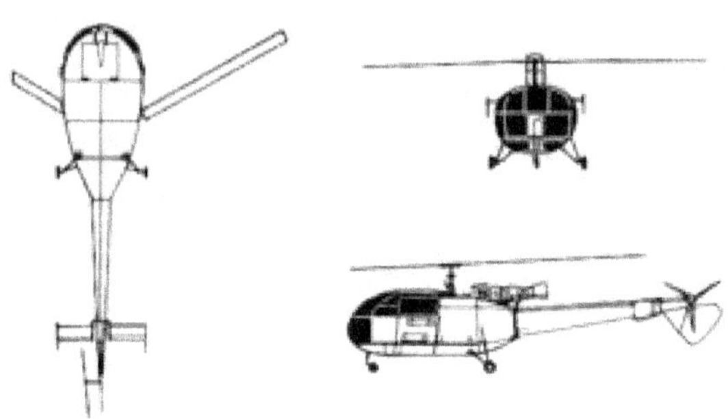

Principales características técnicas:

- Longitud total: 10.17 m
- Anchura máxima: 2.60 m;
- Peso en vacío: 1.142 Kg;
- Peso máximo al despegue: 2.250 Kg;
- Capacidad de pasajeros: 1 piloto y 6 pasajeros o 2 heridos en camilla;
- Capacidad de carga: 1.099 Kg;
- Velocidad máxima: 220 Km/h;
- Velocidad de crucero: 209 Km/h.;
- Techo práctico: 23.200 pies;
- Alcance: 650 Km; autonomía: 3 h 15 min.

Equipo SAR a bordo: Grúa neumática, 2 Camillas, Botes de humo, marcadores marinos, Equipo médico SAR, Radio transmisor de emergencia, Cincho de izado y Penetrador.

BELL-205/ HU-10(EA)/UH-1H HUEY (USA)

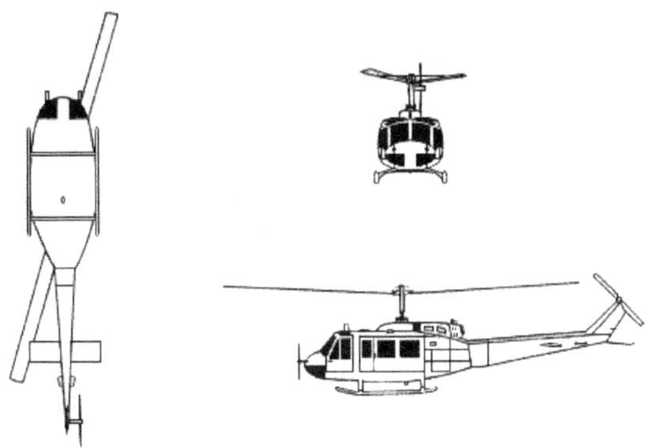

Principales características técnicas:
- Tripulación: 2
- Capacidad: 14 pasajeros
- Carga: 1 200 kg
- Longitud: 17,4 m
- Altura: 4.43 m
- Área circular: 145 m²
- Peso vacío: 2 222 kg
- Peso útil: 1 633 kg
- Peso máximo al despegue: 3 855 kg
- Potencia: 1 400 kW
- Diámetro de la hélice: 14.68
- Rendimiento
  - Velocidad máxima operativa (Vno): 238 km/h
  - Velocidad crucero (Vc): 209 km/h
- Alcance: 418 km
- Techo de vuelo: 5 910 m

BELL-206/HR-12(EA)/OH-58A KIOWA(USA)

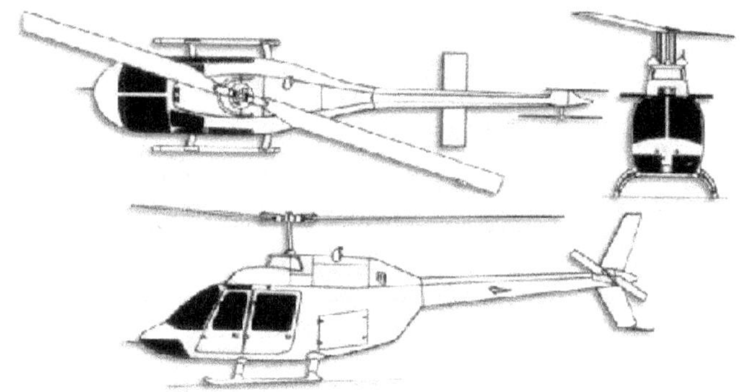

Principales características técnicas:

- Longitud total: 12.50 m;
- Anchura máxima: 1.94 m;
- Altura máxima con pala asegurada: 3.66 m;
- Peso en vacío: 700 Kg;
- Peso máximo al despegue: 1.360 Kg;
- Capacidad de pasajeros: pilotos y 3 pasajeros;
- Capacidad de carga: 215 Kg;
- Velocidad máxima: 222 Km/h.;
- Velocidad de crucero: 150 Km/h.;
- Techo práctico: 4.877 m;
- Alcance: 445 Km;
- Autonomía: 3 h.

BELL-212/HU-18(EA)/UH-1N(USA)

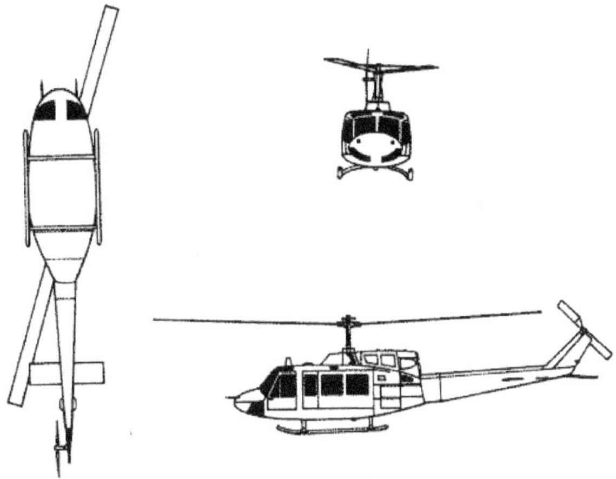

Principales características técnicas:

- Longitud: 17,45 m, incluyendo barrido de palas
- Envergadura: 14,60 m, incluyendo barrido de palas
- Altura: 5 m, incluyendo barrido de palas;
- Diámetro del rotor Principal: 14,60 m
- Diámetro del rotor de cola 02.59 m
- Peso Máximo al despegue: 11.200 lbs;
- Carga útil: 1645 Kg
- Número de pasajeros: 14
- Velocidad Máxima: 130 nudos
- Velocidad Máxima a plena carga: 100 nudos;
- Autonomía Sin depósitos auxiliares: 1 hora 50 minutos
- Autonomía con depósitos auxiliares: 3 horas 50 minutos

AS-330 PUMA

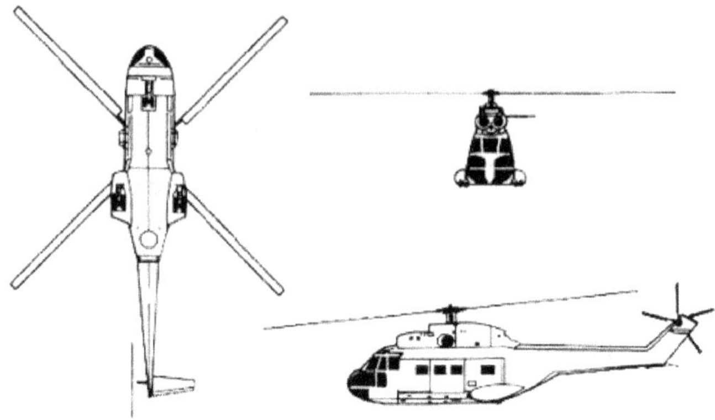

Principales características técnicas:

- Longitud: 14 m
- Peso en vacío: 3.360 Kg
- Peso total: 7.400 Kg
- Velocidad máxima: 280 Km/h.
- Techo práctico: 5.030 m
- Alcance máximo: 620 Km
- Capacidad: 2 pilotos, 3 auxiliares y 6 camillas, o capacidad para 20 personas o una carga de 1.500 Kg; Autonomía: 3 h. 30 min.

Equipo SAR a bordo:

- Grúa hidráulica, 6 camillas
- Bolsas lanzables
- Botes de humo y colorantes
- Equipo médico SAR
- Cesta de izado (2 personas)
- Penetrador
- Camilla de izado.

ASS-332 SUPERPUMA

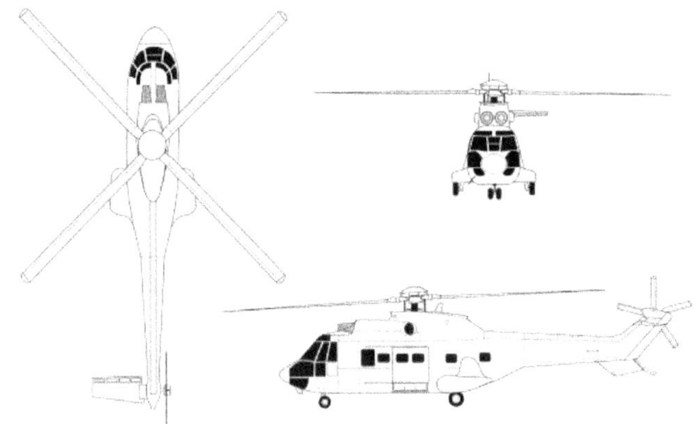

Principales características técnicas:
- Características generales
- Tripulación: 2
- Capacidad:
    o   24 pasajeros o
    o   6 camillas y 9 asientos.
- Longitud: 14,48 m
- Diámetro rotor principal: 15,08 m
- Altura: 4,92 m
- Peso vacío: 4096 kg 9920 libras
- Peso útil: 4100 kg 9040 libras
- Peso máximo al despegue: 8000 kg 20 615 libras
- Planta motriz: 2× turboshaft Turbomeca Makila 1A1.
- Empuje normal: 1.357 kW 1775 cv de empuje cada uno.

AS-532 COUGAR

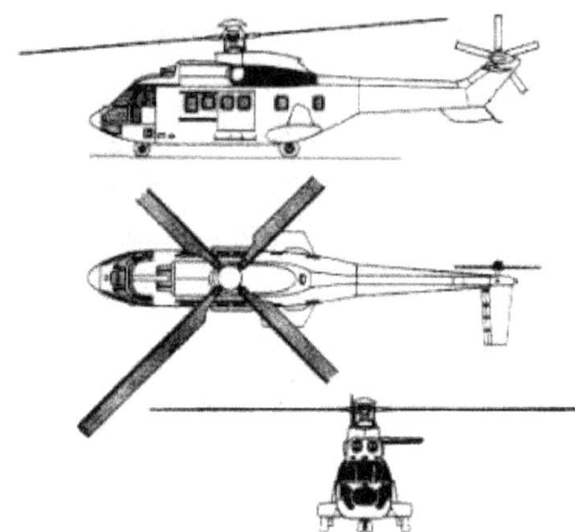

Principales características técnicas:

- Peso máximo: 9.000 Kg
- Peso máximo con carga externa: 9.350 Kg
- Carga útil: 4.500 Kg
- Velocidad máxima: 258 Km/h
- Velocidad de crucero: 222 km/h
- Capacidad: 23 pasajeros
- Autonomía: 4 h 30 min

MBB BO-105

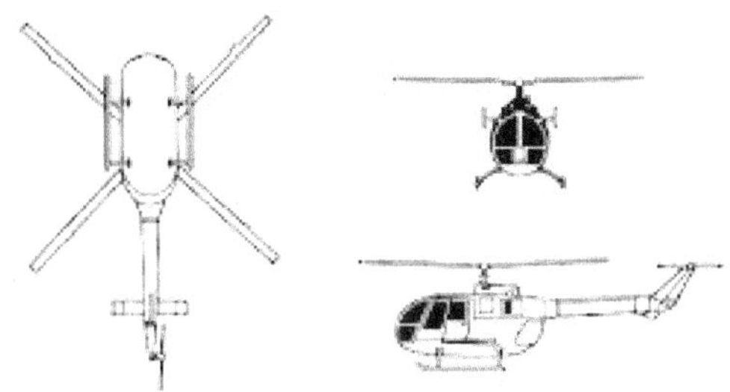

Principales características técnicas:
- Longitud total: 11.86 m
- Anchura máxima: 2.53 m
- Altura máxima: 3.00 m
- Peso en vacío: 1.276 Kg
- Peso máximo al despegue: 2.500 Kg
- Capacidad de pasajeros: piloto y 4 pasajeros o 2 heridos en camilla y pasajeros
- Capacidad de carga: 561.3 Kg, colgada externamente con la ayuda de una instalación:900 Kg
- Velocidad máxima: 270 Km/h; velocidad de crucero: 242 Km/h
- Techo de vuelo estacionario: 2.900 m
- Techo máximo: 5.180 m
- Alcance con carga máxima: 575 Km
- Autonomía: 3 h 55 min

AS-355 ECUREUIL

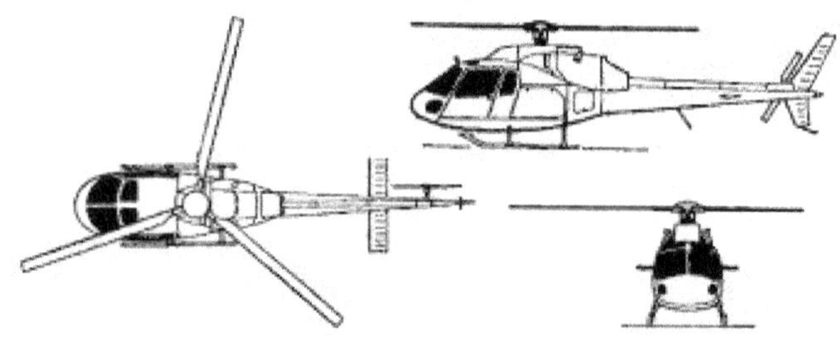

principales características técnicas:

- Longitud total: 12.94 m
- Anchura máxima: 2.53 m
- Peso en vacío: 1.400 Kg
- Peso máximo al despegue: 2.400 Kg
- Capacidad de pasajeros: 2 pilotos y 4 pasajeros
- Capacidad de carga: 1.000 Kg
- Velocidad máxima: 278 Km/h
- Velocidad de crucero: 210 Km/h
- Techo: 4.875 m; alcance: 770 Km
- Autonomía: 3 h 40 min.

S-61N SIKORSKY

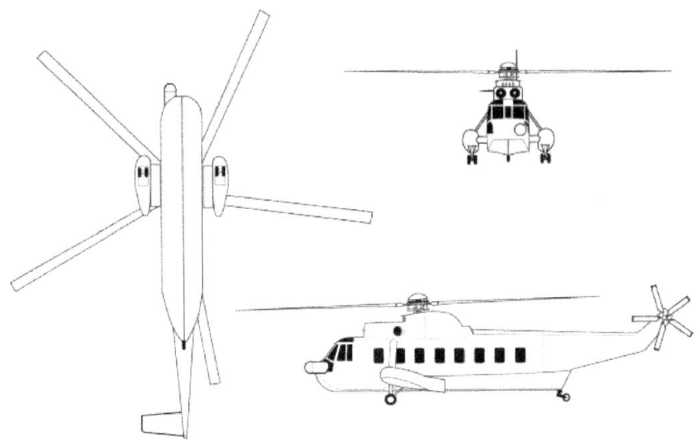

Principales características técnicas:
- Peso en vacío: 6.078 Kg
- Capacidad de carga: 3.220 Kg
- Capacidad de pasajeros: 19 pasajeros (máximo 26)
- Velocidad máxima: 131 nudos
- Velocidad de crucero: 121 nudos
- Velocidad rotor principal: 203 r.p.m.

Equipamiento:
- Grúa de rescate: capacidad 280 Kg
- Longitud de cable: 80 m
- Gancho baricéntrico: Capacidad 2.800 Kg
- Balsas de rescate y cesta de rescate
- Equipo médico de Primeros Auxilios
- Señales fumígenas para posicionamiento
- Equipos de respiración y tratamiento de hipotermia
- Equipado para vuelo nocturno
- Comunicaciones Aéreas y Marítimas

AS-365 N Dauphin

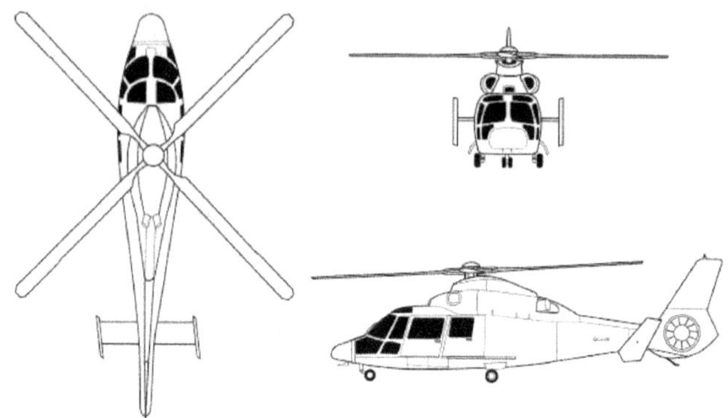

Principales características técnicas son:
- Longitud total (palas girando): 13.68 m
- Diámetro rotor principal: 11.94 m
- Peso en vacío: 2.240 Kg
- Peso máximo: 4.250 kg
- Capacidad de carga: 1.600 Kg
- Capacidad de pasajeros: 8 pasajeros
- Velocidad máxima: 296 km/h
- Velocidad de crucero: 276 km/h
- Autonomía 4 h 30 min.

Equipamiento:
- Grúa de rescate, balsas de rescate, Cesta de rescate y equipo médico de Primeros Auxilios
- Señales fumígenas para posicionamiento
- Equipos de respiración y tratamiento de hipotermia
- Equipado para vuelo nocturno
- Comunicaciones Aéreas y Marítimas

BOEING CH-47C/HT-17(EA)/CH-47 CHINOOK

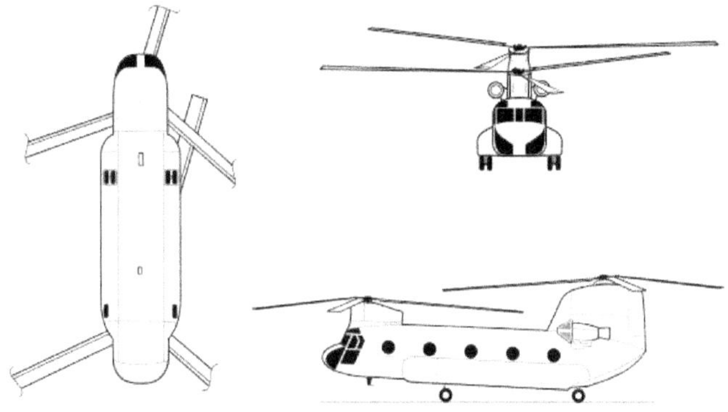

Principales características técnicas:

- Longitud total: 30.20 m
- Anchura máxima: 18.20 m
- Altura máxima: 5.70 m
- Longitud de la cabina: 9.19 m
- Anchura de la cabina: 2.28 m
- Altura de la cabina: 1.98 m
- Peso en vacío: 10.850 Kg
- Peso máximo al despegue: 23.585 Kg
- Capacidad de pasajeros: 2 pilotos, 1 mecánico y 33 pasajeros o 26 camillas
- Capacidad de carga: 12.944 Kg
- Velocidad máxima: 315 Km/h.
- Velocidad de crucero: 261 Km/h
- Techo práctico: 4.572 m
- Alcance máximo 780 Km
- Autonomía: 3 h 20 min
- Dimensiones de la cabina: largo: 9.29 m, ancho: 2.28 m y alto: 1.98 m

EC-120 COLIBRI

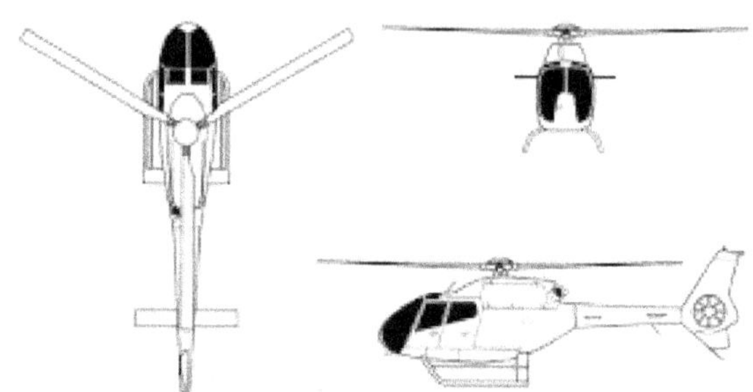

Principales características técnicas:

- Longitud total: 11.52 m
- Anchura máxima: 2.07 m
- Altura: 3.40 m
- Diámetro del rotor principal: 10 m
- Peso en vacío: 960 Kg
- Peso máximo al despegue: 1.715 Kg
- Peso máximo al despegue con carga externa: 1.800 Kg
- Carga útil: 750 Kg
- Capacidad de pasajeros: pilotos y 3 pasajeros o 1 Camilla y 2 médicos
- Velocidad máxima: 276 km/h
- Velocidad de crucero: 223 km/h
- Techo: 5.182 m
- Alcance máximo: 710 km
- Autonomía: 4 h 20 min

EC-135

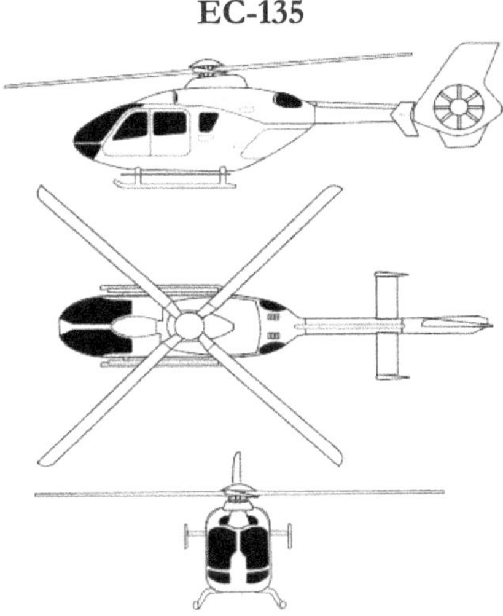

Principales características técnicas:

- Longitud total: 10.20 m
- Altura máxima: 3.35 m
- Peso en vacío: 1.490 Kg
- Peso máximo al despegue: 2.835 Kg
- Peso máximo al despegue con carga externa: 2.900 Kg
- Carga útil: 1.375 Kg
- Capacidad de pasajeros: 2 pilotos y 5 pasajeros
- Velocidad máxima: 259 km/h
- Velocidad de crucero: 256 km/h
- Techo: 3.045 m
- Alcance máximo: 645 km
- Autonomía: 3 h 24 min

MBB BK 117

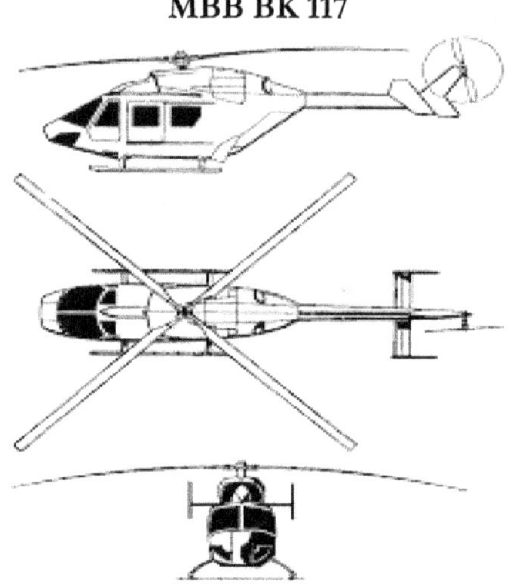

Principales características técnicas:

- Longitud total (palas girando):13.0 m.
- Diámetro rotor principal:11.0 m.
- Velocidad máxima:278 km/h.
- Número de motores:2 turbinas
- Número de palas del rotor principal:4 palas
- Peso en vacío:1.725 Kg.
- Peso máximo:3.200 Kg

SIKORSKY S-76

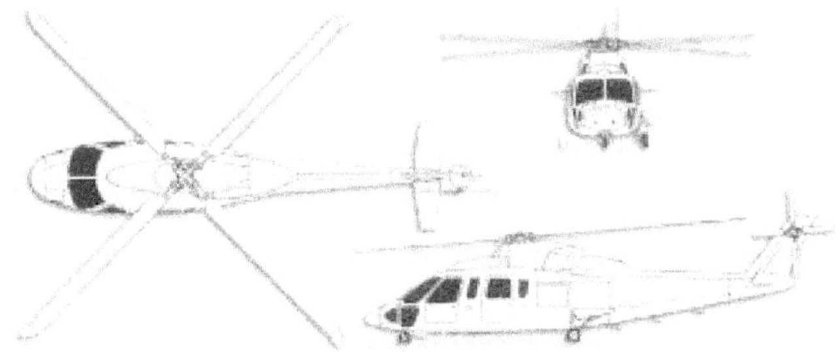

Principales características técnicas:

- Longitud total (palas girando):16 m
- Diámetro rotor principal:13.41 m
- Diámetro rotor de cola:2.44 m
- Altura:4.41 m
- Velocidad máxima:269 km/h.
- Velocidad de crucero:232 km/h.
- Número de motores:2 turbinas Allison 250-C30
- Número de palas del rotor principal:4 palas
- Peso en vacío:2392 Kg
- Peso máximo al despegue:4536 Kg
- Techo máximo3871 m

AUGUSTA 109-S

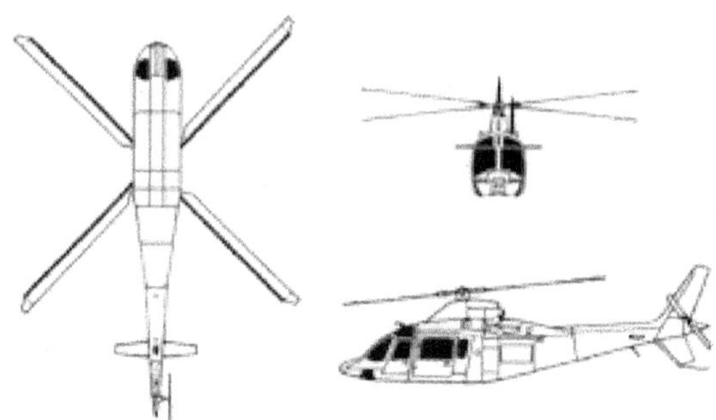

Principales características técnicas:
- Longitud total (palas girando):13.04 m
- Diámetro rotor principal:11 m
- Diámetro rotor de cola:1.94 m
- Altura:3.50 m
- Velocidad máxima:310 km/h.
- Velocidad de crucero:287 km/h.
- Número de motores:2 turbinas P&W PW207C
- Número de palas del rotor principal:4 palas
- Peso en vacío:1655 Kg
- Peso máximo al despegue:3175 Kg
- Carga máxima:1150 Kg

HUGHES 500

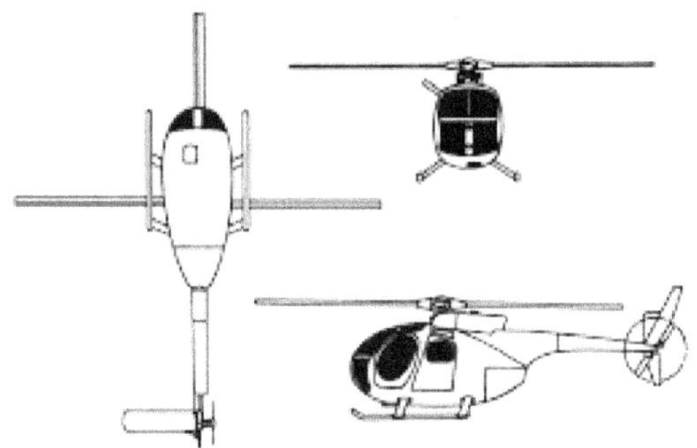

Principales características técnicas:
- Longitud total (palas girando):9.239 m
- Longitud total:8.026 m
- Altura:2.479 m
- Velocidad máxima:241 km/h.
- Velocidad de crucero:216 km/h.
- Número de motores:1 turbina Allison 250C-20
- Número de palas del rotor principal:4 palas
- Peso en vacío:849 Kg
- Peso máximo al despegue:1361 Kg
- Alcance:600 Km

EUROCOPTER EC-225

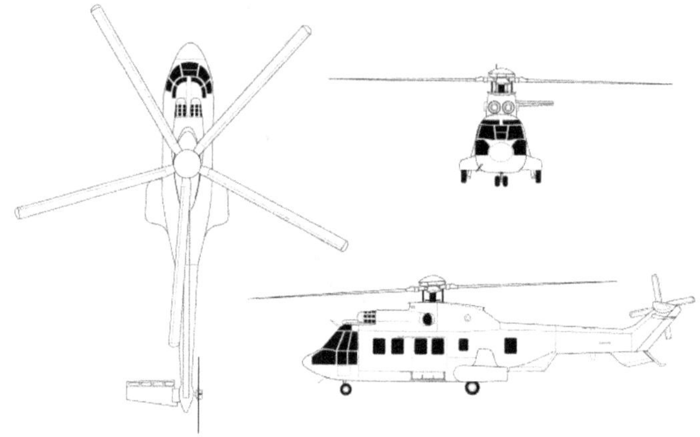

Principales características:

- Longitud total (palas girando):19.50m
- Diámetro del rotor:16,20 m
- Altura:4,97 m
- Velocidad máxima:275.5 km/h
- Velocidad de crucero:262 km/h.
- Número de motores:2 turbinas Turbomeca Makila 2A - 1.798 kW
- Número de palas del rotor principal:5 palas
- Peso en vacío:5.256 kg
- Peso máximo al despegue:11.200 kg
- Carga útil 5.744 kg
- Alcance:857 km
- Capacidad 24 pasajeros + 1 auxiliar de vuelo
- Techo de servicio:5.900 m

Mapeado de aeródromos y helipuertos españoles

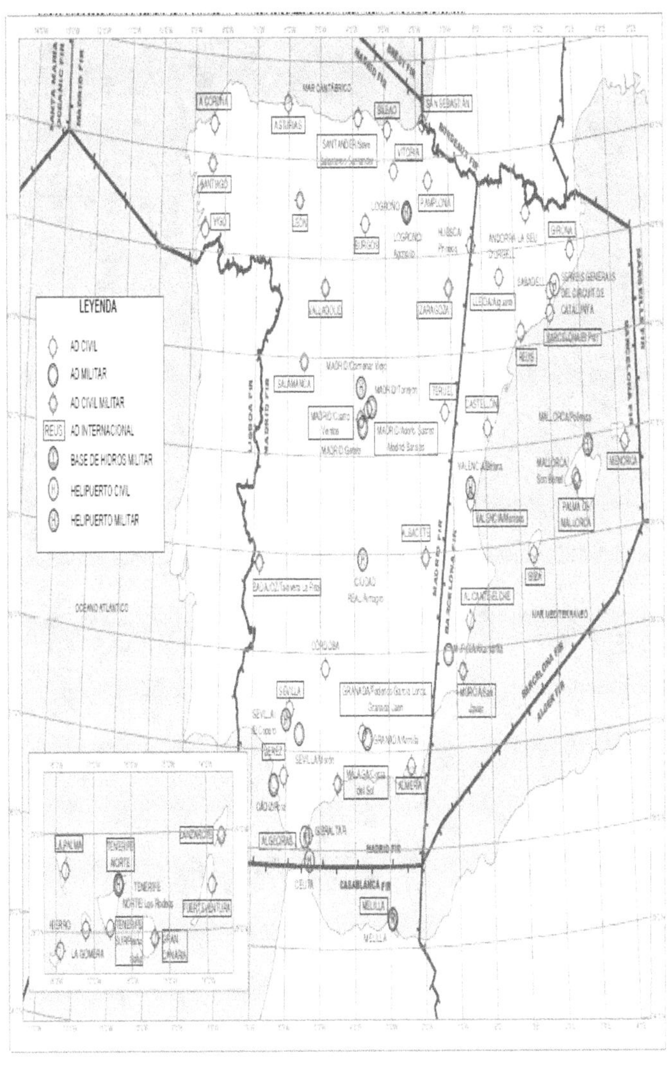

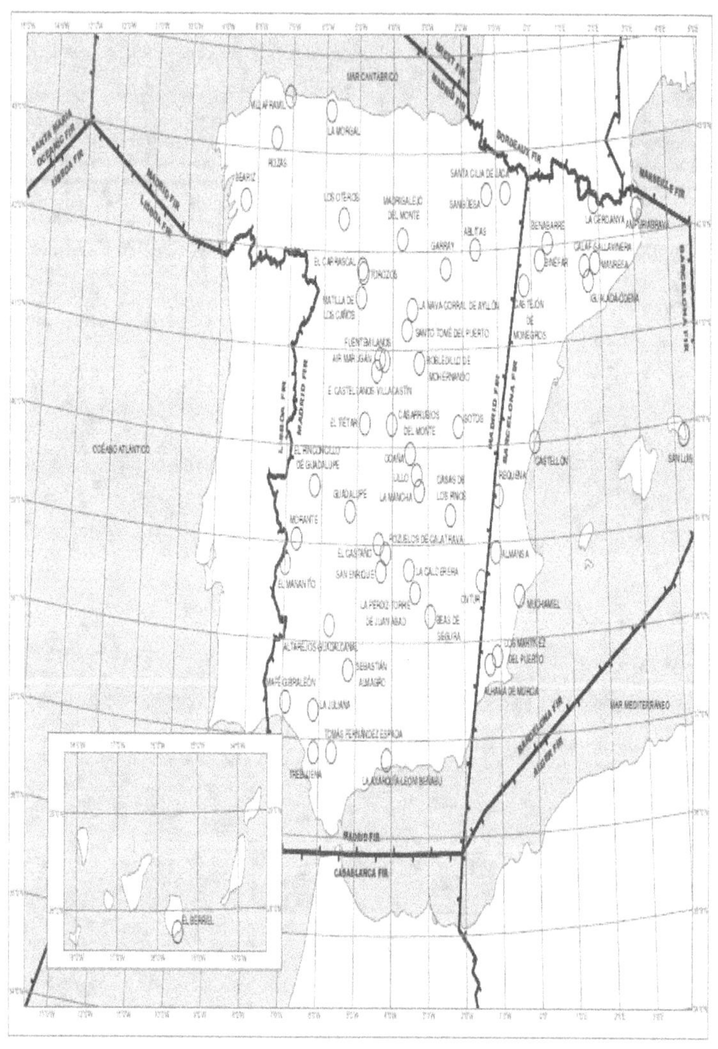

Manual de señalización e intervención con helicópteros de rescate

AERÓDROMO / AERODROME	LOCALIZACIÓN / LOCATION		PROPIETARIO / OWNER
Ablitas (Navarra)	42°00'26"N	001°37'22"W	Ministerio de Defensa
Aeródromo Air Marugán (Segovia)	40°54'38"N	004°22'11"W	José Antonio Garvia Benavente
Aeródromo Los Oteros (León)	42°19'59"N	005°26'57"W	Club Air León
Alhama de Murcia (Murcia)	37°45'08"N	001°18'09"W	Campo de Vuelo S.L.
Almansa (Albacete)	38°54'04"N	001°06'34"W	Agustín Medina Cuenca
Altarejos-Guadalcanal (Sevilla)	38°10'10"N	005°44'41"W	José Carlos March
Ampuriabrava (Girona)	42°15'36"N	003°06'35"E	JIP Aviació S.L.
Beariz (Orense)	42°27'27"N	008°20'17"W	Consejería de Medio Rural. Dirección General de Montes. Xunta de Galicia
Beas de Segura (Jaén)	38°16'16"N	002°56'56"W	Ayuntamiento de Beas de Segura
Benabarre (Huesca)	42°01'22"N	000°28'56"E	Ayuntamiento de Benabarre
Binéfar (Huesca)	41°51'15"N	000°15'17"E	Aeroclub de Binéfar
Calaf-Sallavinera (Barcelona)	41°44'39"N	001°33'25"E	Juan Lladó Casanovas
Casarrubios del Monte (Toledo)	40°14'06"N	004°01'35"W	Aerohobby Aviación Deportiva, S.L.
Casas de los Pinos (Cuenca)	39°17'57"N	002°22'42"W	Aviomancha, S.A.
Castejón de Monegros (Huesca)	41°36'31"N	000°13'04"W	Pilar de Wenetz y Llopis
Castellón (Castellón)	40°00'01"N	000°01'36"E	Ayuntamiento de Castellón
E. Castellanos-Villacastín (Segovia)	40°47'02"N	004°27'46"W	Rafael Gómez Cordobés
El Berriel (Gran Canaria)	27°46'47"N	015°30'24"W	Aero Club de Gran Canaria
El Carrascal (Valladolid)	41°49'29"N	004°53'35"W	Agro Aro, S.A
El Castaño (Ciudad Real)	39°00'32"N	004°23'18"W	Agropecuaria El Castaño
El Manantio (Badajoz)	38°46'50"N	006°59'20"W	Trabajos Aéreos Extremeños, S.A.
El Rinconcillo de Guadalupe (Cáceres)	39°35'40"N	006°12'20"W	CENTAIR SPORT, S.L. - José Luis Cameno Rodríguez
El Tiétar (Toledo)	40°14'38"N	004°47'40"W	Hispánica de Aviación, S.A. (HASA)
Fuentemilanos (Segovia)	40°53'19"N	004°14'15"W	Aeronáutica del Guadarrama
Garray (Soria)	41°49'17"N	002°28'36"W	Excma. Diputación Provincial de Soria
Guadalupe (Cáceres)	39°20'37"N	005°11'32"W	José Plaza Fernández
Igualada-Ódena (Barcelona)	41°35'08"N	001°39'11"E	Consorcio Ayuntamiento Ódena-Igualada
La Axarquía-Leoni Benabu (Málaga)	36°48'06"N	004°08'08"W	Real Aeroclub de Málaga
La Calderera (Ciudad Real)	38°44'44"N	003°32'01"W	Cacerías Azor, S.A
La Cerdanya (Girona)	42°23'11"N	001°52'00"E	Consorcio Paritario Generalitat/Consell Comarcal de la Cerdanya
La Juliana (Sevilla)	37°17'42"N	006°09'45"W	Luis Iglesias Moñino
La Mancha (Toledo)	39°33'20"N	003°15'05"W	Tomás Fuertes Velero
La Morgal (Asturias)	43°25'47"N	005°51'24"W	Principado de Asturias
La Nava - Corral de Ayllón (Segovia)	41°24'39"N	003°26'54"W	Fundación Laureado Coronel Carlos Martínez Vara de Rey
La Perdiz - Torre de Juan Abad (Ciudad Real)	38°30'47"N	003°21'52"W	Navalaumbria, S.A.
Lillo (Toledo)	39°43'01"N	003°19'14"W	Ayuntamiento de Lillo
Los Martínez del Puerto (Murcia)	37°50'06"N	001°05'51"W	Aeroclub Cierva Codorniu de Murcia
Madrigalejo del Monte (Burgos)	42°07'56"N	003°43'50"W	Jesús Corral Millares
Mafé - Gibraleón (Huelva)	37°21'44"N	006°55'19"W	Agrícola del Pintado, S.A.
Manresa (Barcelona)	41°45'51"N	001°51'41"E	Ramón y Manuel Pujol Roca
Matilla de los Caños (Valladolid)	41°31'50"N	004°55'30"W	Manuel Pérez Martínez y Pascual Cantos Romero
Morante (Badajoz)	39°02'13"N	006°41'26"W	José Moreno García
Muchamiel (Alicante)	38°26'20"N	000°28'30"W	Promociones Deportivas Alicante S.A.
Ocaña (Toledo)	39°56'15"N	003°30'12"W	SENASA
Ontur (Albacete)	38°37'01"N	001°31'30"W	Ayuntamiento de Ontur
Pozuelos de Calatrava (Ciudad Real)	38°54'44"N	004°11'28"W	Avelino Antolín Toledano
Requena (Valencia)	39°28'29"N	001°02'04"W	Mercantil Centro de Vuelos La Fundación S.L.
Robledillo de Mohernando (Guadalajara)	40°51'55"N	003°14'52"W	Aeroclub de Guadalajara
Rozas (Lugo)	43°07'01"N	007°28'13"W	Gestionado por Aeroclub de Lugo
San Enrique (Ciudad Real)	38°43'51"N	004°18'47"W	Gubel, S.A.
San Luis (Menorca)	39°51'44"N	004°15'30"E	Gestionado por Aeroclub de Menorca

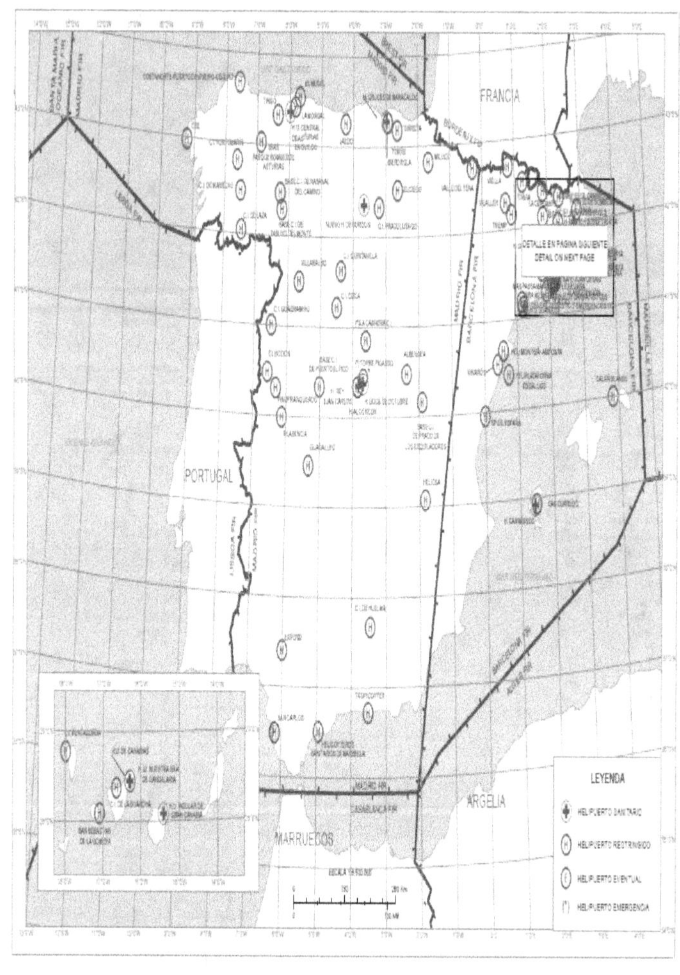
FRANCIA
PORTUGAL
ARGELIA
MARRUECOS
DETALLE EN PÁGINA SIGUIENTE
DETAIL ON NEXT PAGE
LEYENDA
HELIPUERTO SANITARIO
HELIPUERTO RESTRINGIDO
HELIPUERTO EVENTUAL
HELIPUERTO EMERGENCIA

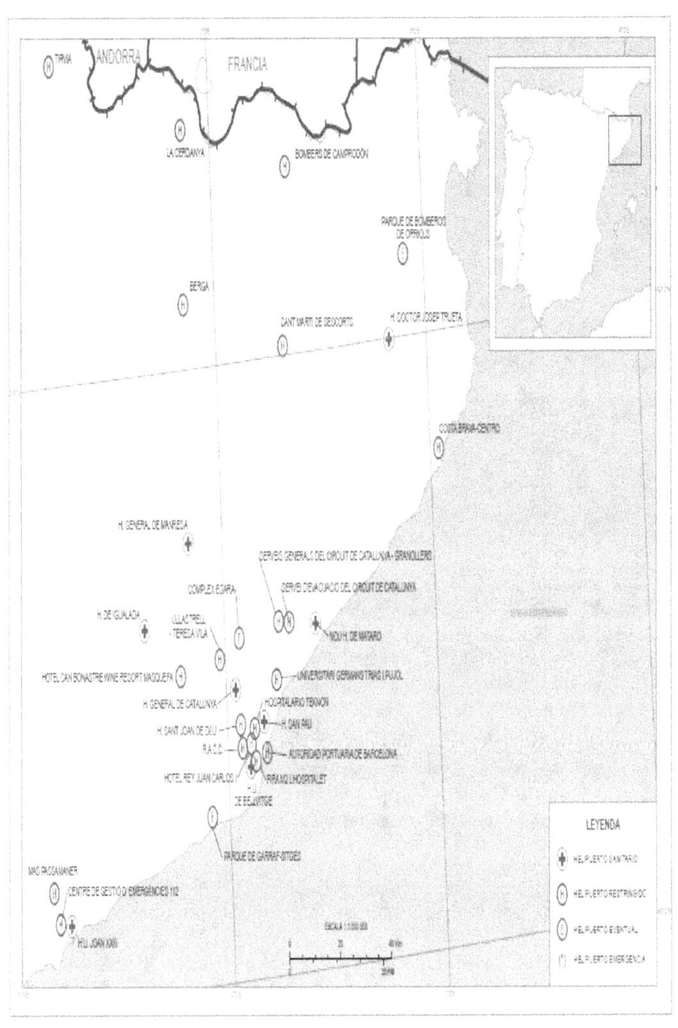
ANDORRA
FRANCIA
TIRVIA
LA CERDANYA
BOMBERS DE CAMPRODÓN
PARQUE DE BOMBEROS DE OPRIOLS
BERGA
SANT MARTI DE SESCORTS
H. DOCTOR JOSEP TRUETA
COSTA BRAVA-CENTRO
H. GENERAL DE MANRESA
SERVEIS GENERALS DEL CIRCUIT DE CATALUNYA - GRANOLLERS
SERVEI DE MOJACIO DEL CIRCUIT DE CATALUNYA
COMPLEX EGARA
H. DE IGUALADA
ULLACTRELL - TERESA VILA
NOU H. DE MATARO
HOTEL CAN BONASTRE WINE RESORT MASQUEFA
UNIVERSITARI GERMANS TRIAS I PUJOL
H. GENERAL DE CATALUNYA
HOSPITALARIO TERAXON
H. SANT JOAN DE DEU
H. SAN PAU
R.A.C.C.
AUTORIDAD PORTUARIA DE BARCELONA
HOTEL REY JUAN CARLOS
FIRA M2 L'HOSPITALET
DE BELLVITGE
PARQUE DE GARRAF (SITGES)
MAS PASSAMANER
CENTRE DE GESTIO D'EMERGÈNCIES 112
H.U. JOAN XXIII
ESCALA 1:1.000.000
Km
LEYENDA
HELIPUERTO SANITARIO
HELIPUERTO RESTRINGIDO
HELIPUERTO EVENTUAL
HELIPUERTO EMERGENCIA

HELIPUERTO / HELIPORT	LOCALIZACIÓN / LOCATION	PROPIETARIO / OWNER
Berga (Barcelona)	420620N 0015112E	Direcció General de Ports, Aeroports i Costes
BP Oil España (Castellón)	395730N 0000045W	BP Oil España S.A.
Cala'n Blanes (Menorca)	395951N 0034848E	Pedro de Wenetz y Llopis
Cas Curredó (Ibiza)	385549N 0012803E	CKV Christian Krawinkel Vermogensverwalgtung, S.A
Centre de Gestió d'Emergències 112 (Reus)	410802N 0011114E	ICF Equipments SAU
Costa Brava-Centro (Girona)	414836N 0030220E	José Gelabert Casadeball
Costa Norte-Puerto de Viveiro-Celeiro (Lugo)	434029N 0073542W	Consellería de Pesca, Marisqueo y Acuicultura
El Musel (Gijón)	433259N 0054143W	Sociedad Estatal de Salvamento y Seguridad Marítima
Expo'92 (Sevilla)	372402N 0060034W	Sociedad Estatal de Gestión de Activos
Fira M2 l'Hospitalet (Barcelona)	412114N 0020745E	Fira de Barcelona
Heli Montsiá - Amposta (Tarragona)	403959N 0003353E	Heli-Montsiá S.A.
Helicópteros Sanitarios de Marbella (Malaga)	363041N 0045657W	Helicópteros Sanitarios S.A.
Helicsa (Albacete)	390421N 0014959W	Helicsa
Heliplataforma Escal UGS (Castellón)	402343N 0004238E	Escal UGS
Helipuerto Base Contraincendios de Puerto el Pico (Ávila)	402026N 0050048W	Dirección General del Medio Natural. Consejería de Medio Ambiente. Junta de Castilla y León
Helipuerto Bombers de Camprodón (Girona)	421813N 0022131E	Direcció General de Prevenció, Extinció i Salvaments D'Incenis
Helipuerto C.I. Coca (Segovia)	411324N 0043022W	Junta Castilla Léon
Helipuerto C.I. de Huelma (Jaén)	374031N 0032807W	Junta de Andalucía-Consejería Medio Rural
Helipuerto C.I. de Laza (Orense)	420244N 0072731W	Junta de Galicia-Consejería del Medio Rural
Helipuerto C.I. Guadramiro (Salamanca)	410039N 0062840W	Junta Castilla Léon
Helipuerto C.I. Portomarín (Lugo)	424851N 0073710W	Junta de Galicia-Consejería Medio Rural
Helipuerto C.I. Pradoluengo (Burgos)	421954N 0031248W	Junta Castilla León
Helipuerto C.I. Puntagorda (La Palma)	284644N 0175944W	Cabildo insular de La Palma
Helipuerto C.I. Quintanilla (Valladolid)	413742N 0042304W	Junta Castilla León
Helipuerto CEE (A Coruña)	425901N 0091409W	Sociedad de Salvamento y Seguridad Marítima (SASEMAR)
Helipuerto Complex Egara (Barcelona)	413321N 0020403E	Departamento de Interior
Helipuerto Contraincendios de La Guancha (Tenerife)	282239N 0163858W	Hispánica de Aviación, S.A.
Helipuerto Contraincendios de Marroxo (Lugo)	422841N 0073007W	Junta de Galicia-Consejería Medio Rural
Helipuerto de Albendea (Cuenca)	402831N 0022301W	Gestión Ambiental de Castilla La Mancha, S.A.
Helipuerto de Elciego (Álava)	423102N 0023810W	Vinos de los herederos del Marqués de Riscal S.A.
Helipuerto de Guadalupe (Cáceres)	392746N 0051938W	Junta de Extremadura. Consejería de Industria, Energía y Medio Ambiente
Helipuerto de Jaedo (Santander)	431528N 0041507W	Gobierno de Cantabria
Helipuerto de la autoridad portuaria de Barcelona (Barcelona)	412153N 0021059E	CAT Helicopters, S.L.
Helipuerto de la Base Contraincendios de Prado de los Esquiladores (Cuenca)	400930N 0015449W	Consejería de Agricultura y Desarrollo Rural - Junta de Castilla La Mancha
Helipuerto de la Base Contraincendios de Rabanal del Camino (León)	422851N 0061619W	Dirección General del Medio Natural. Consejería de Fomento y Medio Ambiente. Junta de Castilla y León
Helipuerto de la Base Contraincendios de Tabuyo del Monte (León)	421745N 0061253W	Dirección General del Medio Natural. Consejería de Fomento y Medio Ambiente. Junta de Castilla y León
Helipuerto de La Morgal (Asturias)	432611N 0054951W	Servicio de Emergencias del Principado de Asturias (SEPA)

Notas personales para ubicaciones de helisuperficies. Datos o dibujos de estas.

<u>Nombre helisuperficie/Ubicación-coordenadas/Datos interés</u>

<u>Nombre helisuperficie/Ubicación-coordenadas/Datos interés</u>

<u>Nombre helisuperficie/Ubicación-coordenadas/Datos interés</u>

Nombre helisuperficie/Ubicación-coordenadas/Datos interés

Nombre helisuperficie/Ubicación-coordenadas/Datos interés

Nombre helisuperficie/Ubicación-coordenadas/Datos interés

BIBLIOGRAFÍA

- Reglamento de Circulación Aérea aprobado por Real Decreto 57/2002, de 18 de enero.
- Dirección General de Protección Civil y Emergencias España
- Vademécum Remer
- Enaire cartografía
- Ministerio de Defensa de España
- Dirección General de la Policía Nacional
- Dirección General de la Guardia Civil
- Ministerio de Fomento de España
- Airbus Helicopters
- Bell Helicopters
- Aviation-safety.net
- Aircharter-international
- Boing Rotorcraft Systems
- Departamento de transportes del Gobierno Norteamericano
- Organización de Aviación Civil Internacional